はじめに――私に起こったバタフライ・エフェクト

ブラジルの1匹の蝶の羽ばたきがテキサスで竜巻を引き起こす――バタフライ・エフェクト。これは、些細《ささい》な変化が、後に大きな出来事が起こるきっかけとなる現象を例《たと》えた寓話的《ぐうわてき》表現として知られています。

しかし、本書のテーマである、**微細な表情変化をコミュニケーションに活《い》かすスキルは、**
フライ・エフェクトを起こし得ると、私自身の経験だけでなく、表情観察・分析スキルにつけた多くの生徒さんの経験、学術知見から、信じています。

は、私に起こったバタフライ・エフェクトを紹介させてください。

厳しい2013年10月上旬。私は、人生ではじめて書いた企画書を携《たずさ》え、東京都港区オフィスに向かいました。面談時間ピッタリに訪問しようと、30分以上前には現場に到着。近くのカフェで、少し緊張しながら、伝えるべき内容を心の中で反芻《はんすう》していました。

約束の時間になり、オフィスのインターフォンを押します。青と白のコントラストを基調とし、落ち着いた雰囲気が醸《かも》し出されるオフィス玄関から、これまた落ち着いた感じの担当者が一人、私を迎え入れてくれました。会議室に通された私は、挨拶もそこそこに本題に入ります。私が携えて行った企画書は、コミュニケーションスキル養成に関する内容で、先方と共同で研修を実施したり、コンテンツを開発したりするものでした。私の説明に淡々とした態度で、時折うなずき、タッチタイピングでメモをとる担当者。視線はこちらに向かうものの表情は、無表情。しかし、

「このような内容となっておりますが、私、個人としましては修正、必要があれば、根本から見直すことも考えています」

と伝えたところ、「私、個人としましては」や「修正」「見直し」という言葉を発するたびに、担当者のまぶたが引き上げられるのに気がつきました。

当時、私は、ヨーロッパの会社が開発した、表情分析を軸としたコミュニケーションツールを営業する活動を始めたばかりでした。

大学院でコミュニケーションについて学んでいた私は、その会社の方針やツールに幾分かの疑問を抱きつつも、今後の活動のステップと考え、フリーランスとして営業していたのです。

先のセリフは、このツールを軸にした企画内容が担当者の心に刺さらない様子を感じとっ

たゆえに発したものでした。

　このセリフに担当者が、無表情ならこのまま帰ろう、と考えていました。**私たちは、自分にとって重要だと思う出来事に対してのみ感情を抱き、表情を見せます。**無表情のままなら、このセリフもその先の説明も意味がないことになります。

　上まぶたが引き上げられる表情――驚き・興味・関心。情報を吸収しようとする感情の表れです。

ヨーロッパの会社のツールには興味はないものの、表情分析には興味があるようだ。

驚き・興味・関心表情をきっかけにこう考えた私は、自分の考えを話しはじめました。

ヨーロッパの会社の考えと私の考えの違い。ツールの脆弱性《ぜいじゃくせい》とその脆弱性がないツール開発に向けた工夫。自分のこれまでの人生と未来にかける想い。私は、観察します。情報がどう評価されているのかを。

　一見、淡々とした態度の担当者の顔に、驚き・興味・関心表情だけでなく、緩《ゆる》やかな笑顔も浮かんでいます。

　ここから私の人生は急展開します。担当者は、私の考えや能力に大きな可能性を感じ、この後すぐに、社長に強く私を推してくれたのです。

　翌月に社長に招かれ、今まで訪れたことのない高級レストランで接待を受け、「一緒にプロジェクトをしましょう」「清水さん個人と一緒に働きたい」とお声がけいただきました。

　半年もしないうちにプロジェクトの規模が大きくなり、社長のサポートのもと、会社を設立。表情、特に、微表情という一瞬の表情を見抜き、コミュニケーションに活かすサービスを提供する企業はめずらしいためか、設立直後より、新聞社や出版社からの取材、ラジオ・テレビ出演の依頼が相次ぎました。会社設立2年以降は、雑誌の連載や書籍出版の依頼もいただけるようになりました。

　メディアで取り上げていただくことは、嬉しいことに違いありません。しかし、私の最も大きな幸せは、仕事を通じて自己実現ができる、ということです。

　大学院を修了後、私は、在学中からしていた塾講師のアルバイトを継続。月10万〜15万円程度の稼ぎで何とか食いつないでいました。公安や安全保障分野を担当する国家公務員か研究者になろうと、学部在学中はがむしゃらに本を読み、大学院在学中は、国家公務員試験の受験勉強と修士論文執筆に心血を注いでいました。

　しかし、省庁の面接官からは、「3浪もしてるじゃないか」「10年選手じゃな〜」「あなたは研究者のほうが向いているのじゃない」と言われてしまい、ペーパー試験に受かるも、面接が通らない。

先方が言っていることは、最初の2つは事実です。私は大学に入るまでに3年の歳月がかかっていましたし、大学院に4年間在籍していたため、国家公務員試験面接時には30歳を迎えようとしていた頃でした。

「研究者に向いている」はどうでしょうか。博士課程に入院しようと、ある教授のもとを尋《たず》ねたことがあります。「清水さんが博士号を取得することは可能でしょう。しかし、研究職に就きたいのなら、この年齢だと、すでに論文が10本ほどないと。まだ1本じゃない。配偶者か親御さんは資産家？　資産家じゃなきゃ、やめておいたほうがいい。博士課程に入ったらつぶしがきかないよ」と言われてしまいます。

国家公務員もダメ。研究者もダメ。大学4年、大学院4年かけて身につけてきた知識や技術、特に表情に関する知見や表情を分析するスキルを活かしたい。しかし、どうにもならない。心理学を売りにする会社に問い合わせするも、どこからも返事すらもらえません。

失意の中で、その後2年間塾講師を続けながら、どうすれば自己実現ができるものか考えていました。

そんな中、ヨーロッパの会社が開発した先のツールを営業する仕事を見つけ、たまたま先の担当者や社長との出会いにつながったのです。

会社設立から紆余曲折《うよきょくせつ》ありましたが、現在、私は、公安機関で研修をし、表情分析業務を請け負うことを通じて、犯罪捜査協力や日本国の安心・安全に寄与する業務をしています。また、国立大学で講義を担当し、大学や企業の研究者とタッグを組み、表情と感情の関係や、コミュニケーションにおける表情の効果などについて研究活動をしています。

そう、入り口は異なりましたが、結果的に、自分が本当にしたかったこと、自己実現の道の上に身を置くことができているのです。

担当者の顔に驚き・興味・関心表情や笑顔が浮かぶのに気づかなければ、自分の考えを口にすることはなかったでしょう。当時、回っていた他の営業先と同じ一本調子の説明をし、その場を後にしていたことでしょう。

もちろん、私の考えと担当者の価値観が合っていた、私が提案したサービスに社長が可能性を感じた、という運の要素は不可欠でした。しかし、担当者の表情が変化するタイミングで私の考えを表明できていなければ、現在の私はなかったと言っても過言ではありません。はじめて会った担当者の、ほんの数ミリの、ほんのコンマ何秒の表情変化の気づきが、私にバタフライ・エフェクトの端緒《たんしょ》をもたらしたのです。

本書では、接待・懇親会、キックオフミーティング（初回となるミーティングのこと）、営業、売買交渉、接客・接遇、採用面接、公共空間など、主に初対面の場面において、どのように相手の表情から相手の感情・価値観を推測し、適切なアプローチにつなげていけばよいか、ということを学術根拠とビジネス経験を融合させ、説明します。

最初の一手が、その後を決める。本書を通じ、表情観察・分析スキルを習得し、あなたの人生にもバタフライ・エフェクトを起こしてください。そうなることを祈念しています。

◆目次

第3章 初対面の味方！ 微表情コミュニケーション術

第4章　日本人特有の表情を知る

第5章 微表情検知力の磨き方

一瞬の微表情から心を読む方法

——人生を変える表情心理学

第1章

顔面筋が心もようを伝える

「心を読む」とはどういうことか？

私たちは、相手の顔を見ながら、日々、コミュニケートしています。もちろん、相手の顔を見ずにする人もいますし、メールやライン、電話など顔が見えない状態ですることもあります。しかし、相手の顔の存在をまったく無視してコミュニケートすることは難しいでしょう。たとえ一度も顔を見たことがない相手とのコミュニケートだとしても、その顔を想像してしまう。そこから相手の性別や年齢、民族、性格、感情等々が、知らず知らずのうちに、湧き起こってくる。

顔には大切な情報が込められていることを、私たちは直感的に知っているのではないでしょうか。

それでは、顔にはどんな情報が込められているのでしょうか。

顔には、骨格、目鼻立ち、たるみ、しみ、しわ、化粧・髪染め・メガネ・アクセサリーの有無など、印象に影響を与える情報が込められています。しかし、**私たちの生存、かつ瞬間瞬間のコミュニケーションにとって最も大切な情報は、顔面筋《がんめんきん》（目、鼻、口の周囲に密集してい**

る筋肉）の動き、すなわち表情です。

そこで、本章では、いわゆる「心を読む」とはどういうことか、感情が表情にどう生じるのか、表情は万国共通か文化特殊か、表情がコントロールされるとどう見えるか、感情が表情を生むのか、表情が感情を生むのか、ということについて説明したいと思います。

表情を読むことと心を読むことは、一般的に同義語として扱われているように思います。表情を見れば、瞬時に心がわかる、という意味で理解されているのではないでしょうか。本当にそうでしょうか。

状況によっては、ＹＥＳとも言えますし、ＮＯとも言えます。そこでここでは、表情から心を読む、を考えます。

次の問題から考えてみたいと思います。

〔問題〕

あなたは、特殊な電球を売る営業員です。お客さまを前に、お客さまの用途に応じた電球を勧め、単価を伝えました。するとお客さまは、「え！」と言い、①、あるいは②の表情を

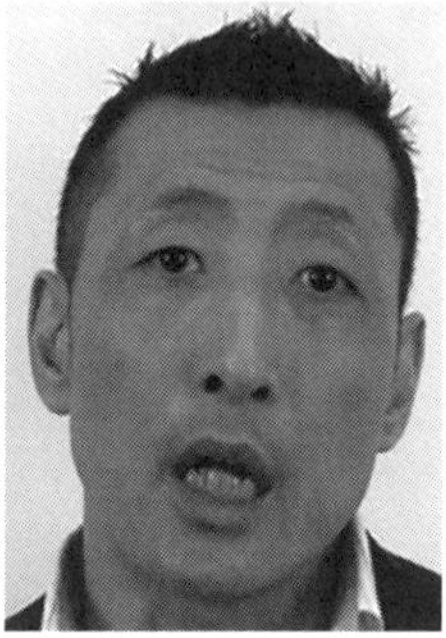
①

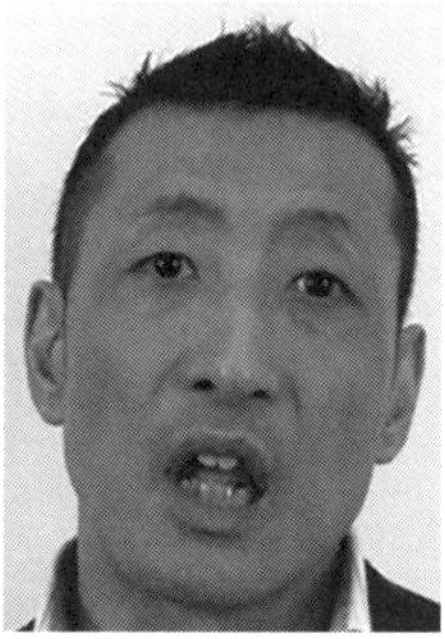
②

しました。それぞれの表情にどのようなアプローチをしますか?

〔解説〕

お客さまの言葉は、「え!」、驚きです。私たちの感情は、自身にとって重要だと思う刺激に対して反応します。その反応は、言葉でなされることも、言葉以外でなされることもあります。

この状況における刺激は、単価でしょう。言葉では、驚き。言葉以外の反応、表情に注目してみましょう。

①は、眉《まゆ》と上まぶたが引き上げられ、口が開けられています。驚き表情です。「え!」という言葉と驚き表情が一致しています。感情には働きがありま

す（次章以降で詳述）。「○○したい」という欲求、ニーズと言い換えてもよいでしょう。驚きのニーズは、「知りたい」です。

驚き感情は、ポジティブでもネガティブでもありません。これから、ポジティブ・ネガティブを判断する準備としての感情です。

お客さまの感情を翻訳するならば、「単価が意外なので、その理由を知りたい」といったところでしょう。お客さまの感情の流れに乗ったアプローチとしては、単価の理由を説明する、そして、目下、単価を維持した営業戦略が適当と考えられます。

一方、②の場合ならどうでしょうか。①と同じく、眉と上まぶたが引き上げられ、口が開かれています。しかし、上唇も引き上げられているのがわかります。これは、嫌悪《けんお》表情です。

嫌悪のニーズは、「不快なモノを取り除きたい」です。お客さまの感情を翻訳するならば、「単価が高いので気に入らない。この単価では購入したくない」といったところでしょう。

お客さまの感情の流れに乗ったアプローチとしては、単価が高い納得の理由を説明する、単価を下げる営業戦略を考える（たとえば、購入量に応じた割引等）のが適当と考えられます。

同じ「え！」という言葉でも、そこに込められた感情が異なることで、言葉の意味や重みが変わることがわかります。

表情から心を読むということ。それは、表情を観察することを通じ、感情に込められたニーズを具体的に推測すること、こう私は考えます。

感情が表情に表れているにもかかわらず、それが言語化されない。あるいは、感情が抑制され、微細な表情として表れたのなら、満たされないニーズがそこにあるとわかります。抽象レベルの感情のニーズを頼りに、そのニーズを具体的に推測することが、心を読むことだと考えます。

また、表情が意図的に、ときに大げさに表される。たとえば、聞き手が、ずっと眉間《みけん》に力を入れて、こちらを見つめている。「あなたが話していることは難しい。もっとわかりやすく説明してほしい。あるいは、質問させてほしい」。そんなニーズを推測することができるのではないでしょうか。

表情を読むことを通じて、常識や相手との関係性などから、瞬時に相手の心に迫れることもあるでしょう。各種の情報を統合しながら、熟慮の末、相手の心の理解にたどり着くこともあるでしょう。

●接待・懇親会《こんしんかい》の場にて、食事を黙々と真顔で食べている。その食事、好き？　嫌い？

●キックオフミーティングにて、チームメンバーの顔に軽蔑《けいべつ》が浮かぶとき、どんな声がけがそのメンバーのやる気を引き起こす？
●営業や売買交渉にて、先方の眉が引き上げられた。どの程度の情報を出すべき？
●接客・接遇時、「先日、この商品を購入した者ですが……」と笑顔で来店。その笑顔、本当に幸福を意味している？
●採用面接で、応募者の挙動が不審。恐怖の微表情も生じている。これはウソをついているサイン？　どう接すれば？
●公共空間、たとえば道を歩いていると、目の前から不審な人物が？　どれくらい警戒すべき？

こうした場面を題材に、表情から心を推測し、よりよきコミュニケーションの流れを醸成《じょうせい》する具体的な方法を、次章以降で考えていきます。

社会を生きるうえで直面するこうした問題を考える前に、表情のそもそも論について理解を深めておきたいと思います。すなわち、

＊表情は、時代、場所、国籍問わず、同じ。つまり、万国共通なのだろうか？

＊表情がコントロールされる場合、その心の状態は見た目からわかるのだろうか？

順を追って説明したいと思います。

ダーウィンが提唱した表情進化論

イギリスの自然科学者、チャールズ・ダーウィン。進化論で有名な学者ですが、１８７２年に提唱した感情と表情に関わるダーウィンの考えは現代の表情研究の源流となっています。

ダーウィンは、人間以外の哺乳類と人間の表情を観察することを通じ、表情には進化の歴史があり、感情や欲望など心の状態を満足させるために、直接的・間接的に役立つと提唱しました。

たとえば、私たちが嫌悪感を抱くと、鼻にしわが寄せられ、上唇《うわくちびる》が引き上げられ、舌が出される。この表情は、直接的には、有毒なものやまずいものを吐き出すのに役立ちます。

一方、この「吐き出す」というもともとの有用性に寄与しなくても、受け入れたくない意見や人など象徴的な嫌悪感に対して、生じ、間接的に、私たちの心の状態を満たしてくれます。

ダーウィンは、こんな調査をしています。ヨーロッパ文化とは異なる民族の身近にいる人々に質問表を送り、そこで暮らす民族がどんな表情をするか尋《たず》ねました。「文化が異なる人の表情もヨーロッパ人と同じようだ」。多くの観察と考察を重ねた結果、こう考えるようになり、表情の万国共通性を提唱するに至ります。

しかし、ダーウィンによる表情の万国共通性の考えは、人類学者から「表情は言葉と同じように文化によって違う」といった批判を猛烈に浴びることになり、長い間、表に出ることがありませんでした。

時は流れに流れ、１９６２年以降、アメリカの心理学者、シルバン・トムキンス、ポール・エクマン、ウォレス・フリーセン、キャロル・イザード、デイビッド・マツモトら、ダーウィンの考えの流れを汲む研究者らによって表情の万国共通性の証拠が次々と提示されていくことになります。

万国共通の７つの表情

表情の万国共通性は、ある文化圏に所属する人々の表情写真を、他の文化圏に所属する人々に見せ、それがどんな感情を示しているか判断をしてもらう方法や、ある感情が刺激されたとき、どんな表情が生じるかを観察・記録する方法によって検証されています。前者を判断研究、後者を生成研究と言います。

判断研究では、アメリカの心理学者ポール・エクマンらによるニューギニアの部族を対象に実施した、１９６９年および１９７１年の調査が有名です。

エクマンらは、アメリカ人を見たことがないニューギニアの部族に、アメリカ人の表情写真を見てもらいます。また、ニューギニアの部族を見たことがないアメリカ人に、部族の表情写真を見てもらいます。そして、それぞれに各表情がどんな感情を抱いているか判断してもらいました。

調査の結果、部族の人々はアメリカ人の表情――怒り・嫌悪・恐怖・幸福・驚き・悲しみ――を正しく認識でき、アメリカ人も部族の人々の表情を正しく認識できることがわかりました。

その後に続く多くの判断研究でも、表情の万国共通性を支持する結果が見出されています。たとえば、アメリカの組織行動学者、ヒラリー・エルフェンバインらが、１６８のデータセットを対象に実施した２００２年のメタ分析（条件は異なるものの類似の研究を集め、全体的な傾向を観る分析手法）によると、偶然のレベルを超えて、人々は異なる文化圏に所属する人々の表情を正しく認識できることがわかっています。

一方、生成研究は、アメリカの心理学者ウォレス・フリーセンによってはじめておこなわれた１９７２年の実験が有名です。

実験室にて、ストレスを抱く動画をアメリカ人および日本人に一人で見てもらいます。その様子を隠しカメラで記録します。

実験の結果、アメリカ人も日本人も、同じ動画に、嫌悪、恐怖、怒り、悲しみを、同様の顔面筋の動きをともなって、生じさせることがわかりました。

また、先天的に目の見えない子どもと目の見える子どもの日常生活を記録し、両集団の表情を比べた、イタリアの心理学者ダリオ・ガラティらの研究によると、目の見える子どものほうが、表情が豊かであるという違いはあるものの、差異より共通点のほうが多く見られることがわかっています。

その他、さまざまな生成研究がおこなわれ、表情の万国共通性を支持する結果が見出されていますが、最もインパクトの強い研究は、２００４年に開催されたアテネオリンピック、パラリンピックを舞台にした、アメリカの心理学者デイビッド・マツモトらによる観察研究だと考えられます。

マツモトらは、オリンピックに出場した35ヵ国84人の柔道選手を対象とし、柔道選手が試合に勝ったときと負けたときの表情を記録しました。

その結果、選手の出身文化問わず、勝者は、幸福表情を浮かべ、敗者は、悲しみ、嫌悪、怒り、その他の否定的な表情を生じさせていたことがわかりました。

さらに、これらの表情をパラリンピックに出場していた23の文化圏に属する、目の見えない柔道選手の表情と比べたところ、出身文化問わず、目の見えない柔道選手は目の見える柔道選手同様、同じような状況下で、同じ種類の表情を生じさせていたことがわかりました。

この研究は、さまざまな文化圏に所属する人々を対象にしているだけでなく、視覚を頼りに表情を学ぶ経験を持たない人々を対象にしています。また、実験室における人工的な感情誘発ではなく、自然発生的な感情誘発を記録しています。こうした点から、表情の万国共通性を調査するのに理想的な状況のもと実施された研究と言えます。


以上のような研究から、2023年時点で、**幸福・軽蔑・嫌悪・怒り・悲しみ・驚き・恐怖の7つが万国共通の表情**だと考えられています。

なお、エクマンが、2016年、世界中の感情研究者約250名を対象に実施したアンケート調査によれば、怒り（91%）、恐怖（90%）、嫌悪（86%）、悲しみ（80%）、幸福（76%）、恥《はじ》・驚き・羞恥《しゅうち》（40%―50%）、罪悪感《ざいあくかん》（37%）、軽蔑（34%）、愛（32%）、畏《おそ》れ

（31％）、痛み（28％）、妬《ねた》み（28％）、同情（20％）、誇《ほこ》り（9％）、感謝（6％）が、カッコ内の割合で万国共通の感情であるとの回答が得られており、「万国共通の表情は7つ以外にもあるのだろうか」「表情だけで万国共通性が示されるのか」「身振り・手振り・姿勢などもともなって万国共通性が示されるのか」などなど、目下、研究が重ねられています。

万国共通表情も文化で左右される

表情が万国共通と言われても、ピンとこない場合があります。万国共通の7つの表情が、万国共通に見えない理由。それは、文化的・個人的な習慣や好み、価値観などに原因があります。

わかりやすい例は、食習慣や食の好みです。生魚を食べる文化圏の人々（文化問わず、個人でも）は、生魚を前に笑顔になるかもしれません。しかし、そうした食習慣がない文化圏の人々は、嫌悪を抱くかもしれません。カエル料理はいかがでしょうか。カエルの肉を前に笑顔になりますか。あるいは、嫌悪でしょうか。

価値観の違いが、表情の違いを生じさせることもあります。「あなたの支持政党は何ですか」という質問に対し、「政治の話は、ややこしくなるから困る」と恐怖を抱く人もいれば、

「自分の考えを表明するチャンスだ」と笑顔になる人もいるでしょう。

一般的に、個人主義的な文化圏に属する人々は、表情が大きく、集団主義的な文化圏に属する人々は、表情が小さい傾向にあります。それは個人主義的な文化圏のほうが、自己主張をすることをポジティブに捉えているため、普段から、わかりやすく大きな表情が示されると考えられています。

一方、集団主義的な文化圏では、集団の空気に合わせ、謙虚に振舞うことのほうが多いため、表情も遠慮がちになるのです。

ただこれは、驚きという感情を抱いたとき、ある文化では、眉が引き上げられ、ある文化では、眉が引き下げられる、ということを意味しません。驚いたときは、文化を問わず、眉が引き上げられる。しかし、その程度が異なり得る、ということです。

「表示規則」という言葉があります。**表示規則とは、状況に適した表情ができるように、幼少期から成長過程を経て習得する、暗黙的な表情の表示ルール**のことを言います。

たとえば、アメリカの心理学者アマンダ・ハドソンらは、がっかりするプレゼントをもらった5~7歳の子どもでも、ネガティブな表情を顔に出さないようにコントロールすることができることを報告しています。

また、先の１９７２年のフリーセンの実験には続きがあり、興味深い文化的な表示規則が観察されています。

ストレスを抱く動画をアメリカ人および日本人に見てもらい、その様子を隠しカメラで記録します。ここまでは先と同じです。しかし、今度は一人ではなく、実験者同席のもと視聴します。すると、アメリカ人は、先と変わらず、ネガティブな表情を見せましたが、日本人は笑顔を見せたのでした。これは、「集団の調和を乱してはいけない」、という集団主義的な文化のルールが働いたためであると考えられています。

さらに、「良き勝者」の振舞いを観察した調査もあります。オリンピックにて、競技に勝った選手の表情を分析すると、勝ちがわかった瞬間の選手の表情は、選手の出身文化を問わず、万国共通の幸福表情となるものの、その後、文化の影響を受け、個人主義的な文化出身の選手は、表情が大きく、集団主義的な文化出身の選手は、表情が抑制される傾向にあることがわかっています。

たとえば、金メダルを獲得した日本人選手の表情を分析すると、メダル獲得の瞬間、顔に強い幸福表情が生じ、しかしその後、唇に力を入れ、幸福表情が抑制されます。それから数秒後、幸福表情を抑制することができず、再び笑みがこぼれる。こうした表情の変化が観察されています。この調査の結果、**最初の表情から表示規則の影響を受けた表情が起きるまで**

の平均時間は、1秒間ということがわかりました。

以上のような理由で、万国共通な表情がそのように見えないのだと考えられます。こうした理由以外では、顔面筋を用いたしぐさ、専門的に言うところの、**エンブレム**というものの影響があり得ます。**ウィンクしたり、片方の眉を引き上げたり、あっかんべーをするなど、言葉の代わりになる顔面筋を含めた非言語の動き**です。

エンブレムは、ほとんどが文化特有の顔面筋の動きです。したがって、同様の顔面筋の動きでも文化によって意味が異なることがあり得ますし、ある文化では意味があっても、他の文化ではまったく意味をなさないこともあるでしょう。

また、顔面筋は20種類（数え方によっては、30～60種類）ありますので、種々の顔面筋が織りなすコンビネーションの強度が微妙に異なったり、バリエーションに微妙な差が生じたりすることで、万国共通の感情表現だとしても、違う表情に見える可能性が考えられます。

「微表情」の発見！

さて、ここまで「表情は、時代、場所、国籍問わず、同じ。つまり、万国共通なのだろうか？」という疑問を解決しました。そして、「表情がコントロールされる場合、その心の状態は見た目からわかるのだろうか？」という疑問を一部解決しました。ここでは、後者の疑問にさらに踏みこみます。

感情を、修正したり、抑制したりする必要のない場面で生じる自然な表情を、マクロ表情と言います。左右対称の表情としてわかりやすく顔全面にスムーズに表れ（例外として軽蔑）、スムーズに消えます。その間、０・５秒から4秒、あるいは5秒。一人でいるときや家族、気の許せる仲間と過ごしているときに生じやすい表情です。

一方、他者に自分の本心を知らせたくないときがあります。感情が抑制され、一見すると、無表情に見えることもあるでしょう。愛想笑いで本心が覆《おお》い隠されることもあるでしょう。しかし、**抑制しきることのできない感情が、微細な表情として顔に漏洩《ろうえい》する**のです。これを微表情と言います。**微表情は、顔全面に表れることもありますが、多くは部分的な表情として表れます。速いもので０・５秒以下。**したがって、トレーニングされていない目では、読みとることができず、瞬《まばた》きしている間に消え去ってしまいます。

微表情のルーツは、前にも登場したダーウィンが１８７２年に提唱した抑制仮説にあります。ダーウィンは、「感情がない状態において自発的に動かせない表情は、強い感情が生じるとき、抑制することができず顔に漏洩する」と考えました。

その後、先述したように、表情の解釈をめぐって紆余曲折、論争が巻き起こります。そして、1966年。アーネスト・ハガードとケネス・アイザックというアメリカの心理学者らによって、セラピストと患者のコミュニケーションの録画をコマ毎に分析する中で、瞬間的な表情（Micromomentary facial expressions）が、はじめて観察されます。

この発見の後、エクマンおよびフリーセンが、入院患者と主治医の診断中のやりとりを、コマ毎に分析し、同じような瞬間的な表情を確認します。

エクマンらは、分析結果をまとめ、「人が表情を意図的に抑制しようとするとき、微細な表情として漏洩する」と考え、この表情を微表情（Microexpressions）と命名しました。1969年から1974年にかけての頃でした。

ところで、エクマンらが分析していた場面にいた患者は、自殺願望があり、入院治療を受けていたのですが、「元気になったので退院許可がほしい」と主治医に申し立てているところでした。

通常のスピードで患者の表情を見ても、にこやかに元気になったことをアピールする様子しかわかりません。しかし、コマ毎につぶさに見ると、苦悩の表情が確認できたのです。主治医の判断で、患者の退院は見送られたのですが、このとき退院できていたら患者は、自殺するつもりだったことが後に判明しています。

その後、さまざまな研究が重ねられ、微表情は、端的に言えば、ウソ、特に感情に関わるウソ――たとえば、本当は悲しいのに、嬉しいと言うとき――をつくときに観察される現象であることがわかってきました。

しかし、微表情が存在する可能性はさまざまな場面で報告されるものの、実験室でその存在が実証的に確認されるようになるのは、じつはほんの最近、２０００年以降なのです。この意味で、微表情は古くも新しい科学と言えるでしょう。

微表情の存在が実証された実験とはどのようなものだったのでしょうか。

「微表情」はどういうときに表れるか

２００８年、カナダの心理学者、スティーブン・ポーターらによって、微表情の存在が実験室ではじめて実証されました。ポーターらは、実験参加者にさまざまな感情を喚起させるような写真を見せ、そこから湧き起こってくる感情を抑制してもらいました。

実験の結果、観測された全697の表情のうち14の表情が、微表情であることがわかりました。ただし、これらの微表情は、顔全体に生じたものではなく、顔の上下どちらかに表れた部分的な表情でした。

また、2013年、ウェンジン・ヤンら中国の研究者は、感情を刺激する材料として、写真ではなく動画を用い、微表情の出現率を検討しました。実験の結果、記録された約1000の表情のうち、1秒以下の微表情が245、0・5秒以下の微表情が109観察されました。なお、この研究でも微表情は顔全体というより、顔の上下に部分的に表れる傾向にあることがわかりました。

感情を刺激する材料を静止画である写真から動画に変えると、微表情の発現率が2%(14/697)から10%(109/1000)に上昇していることがわかります。感情が刺激される程度は、写真より動画のほうが強いということが、これまでの感情研究の知見からわかっています。したがって、刺激される感情が強くなるほど、抑制が難しくなり、微表情として表れやすくなる、こうした微表情の様態が確認されたと言えます。

ところで、「顔全体ではなく、部分的な表情」という言い回しですが、もともとエクマンらが微表情を発見したとき、微表情を「感情漏洩の結果、顔全体に生じる1/5秒~1/25秒の瞬間的な表情」と定義していました。

しかし、先の2つの研究やその他、微表情の観察研究から、微表情は、顔全体に表れるよりも、顔の上下どちらか、たとえば、**額・まぶた・口まわりのみに表れる傾向にあり、出現時間も0・5秒ほど**であることがわかってきました。

微表情と類似の用語に、微細表情というものがあります。微細表情とは、感情が生じはじめたとき、あるいは、感情が弱いときに、顔の一部に弱い顔面筋の動きをともなって表れる表情のことです。出現時間は問いません。一瞬のこともあれば、数秒続くこともあります。

学術研究においては、微表情と微細表情を分けて論ずる必要が多々あります。しかし、コミュニケーションの場において、相手の顔に表れる部分的な表情が一瞬の場合、それが微表情なのか、微細表情なのか、分類することは難しく、分類する利点もそれほど感じられません。

一瞬の部分的な表情があるということは、その相手にとって意味のある何かが生じていることを意味します。それがわかることが重要なのであり、表情の区分はそこまで厳密である必要はないと考えます。

そこで本書では、微表情も微細表情も、微細な表情だという共通点をとり、微表情と呼称《こしょう》することにしています。

ここで気になるのは、「リアルタイムのコミュニケーションの中で微表情を読みとることはできるのだろうか」ということではないでしょうか。

驚くべきことに、微表情を検知することに特化したツールを用いることで、1時間のトレーニングで、微表情検知正答率が40％（事前テストの成績）から80％（事後テストの成績）にまで向上することがわかっています。またトレーニング実施後、微表情検知トレーニングを2～3週間していなくても、その精度は持続されることがわかっています。

また、微表情検知トレーニングを6～20ヵ月前に受けた実験参加者が改めて、テストを受けた結果を調査した別の研究より、検知スキルが、半年～1年以上維持され得ることが示唆されています。

これらの研究から、微表情を読みとるスキルは、案外、早く習得することができ、身についたスキルは一定期間維持される、ということが言えます。

表情が日々担っている2つの機能

特定の感情は、万国共通の表情として表れ、ときに表示規則に沿って調整され、抑制された感情は、微表情として表れ得る。

ここまでの流れを一文でまとめると、こうなります。とどのつまり、表情は、バリエーションはあるものの、私たち人類が共通して持つインターフェース（接点）であるということ。私たちと環境のインターフェースであり、私たちと相対する個々人のインターフェースなのです。

私たちと環境という視点から見ると、表情は、私たちがよりよく生きるために不可欠な働きをしていることを教えてくれます。私たちと相対する個々人という視点から見ると、表情は、コミュニケーションに役立つ働きをしていることを教えてくれます。

具体的に説明します。

よりよく生きるためには、「何が好ましく何が好ましくないか」「何に近づき何から距離をとるべきか」、こうしたことを知り、行動に移す必要があります。表情は、このように**身体に行動を促す機能**を持っています。

心身の安全が脅《おびや》かされたとき、身体にその安全を取り戻すための行動を促す、あるいは、生存に必要なものを得られそうなとき、身体にそれを獲得させる行動を促します。

たとえば、大きな音を耳にすると、驚き感情が生じます。すると、私たちの顔には、眉とまぶたが引き上げられ、口が開かれる表情が表れます。この表情は、視界を広くし、音の発生源を探しやすくしてくれます。
また、口が開くことで、酸素を取り入れ、次の行動をとるための態勢を整えてくれます。大きな音が脅威《きょうい》を与えるものでなければ、驚きは低減し、脅威を与えるものならば、怒りや恐怖など他の感情――表情に移行し、適切な行動が促されるのです。

表情のもう一つの機能。それは、**コミュニケーションのための機能**です。表情が、人と人（人と動物の場合もあります）のインターフェースになるときに、より意識される機能です。重要な情報を発信することを通じて、他者との適切な距離を形成・維持してくれます。

たとえば、会話中、話し手に驚き感情が生じ、眉とまぶたが引き上げられ、口が開かれる表情が表れます。聞き手に「この話に注目！　この話をもっと聞いて」というメッセージを、意識的にせよ、無意識的にせよ、伝える働きがあります。

話し手は、聞き手が、この表情を受けとるとき（と見えるとき）、コミュニケーションを継続しようとするでしょう。一方、受けとらない（とれない）とき、コミュニケーションを終えようとするでしょう。

このように表情には、身体に行動を促す機能とコミュニケーションのための機能があり、ときに、両機能が不可分となり、混合的に作用しながら、私たちの「生きる」を後押ししてくれるのです。

ところで、感情と表情の関係をめぐる意外な話があります。これまで表情は感情の表れであることをお伝えしてきました。つまり、感情が先で、表情は後、ということです。

じつは、逆もあるのです。**表情をつくることで感情が生まれる**、ということです。私たちは、楽しいと感じるとき、自然に口角が引き上げられますが、口角を引き上げることで楽しさが醸成されることがあるのです。

さらに、表情をつくることが、自分の感情を変化させるだけではありません。**他者の表情や感情まで変化させ得る**のです。こうした意味で、表情は、自身の感情の結果であるとともに、自分と自分を取り巻く人々の感情の原因となり得るのです。

こうした感情と表情のサイクルが、私たちの「生きる」にどう関わってくるのでしょうか。次章に場を移し、考察を深めていきたいと思います。

コラム イヌとネコの表情分析

進化や種を超えたコミュニケーションの観点から、チンパンジー、マカク（ニホンザルなど）、テナガザル、オランウータン、イヌ、ネコ、ウマ、コモンマーモセット（小型のサル）の表情が研究され、さまざまな知見が蓄積されています。

これらの知見から、動物も、程度の差はあれ、私たち人間と同じ顔面筋を動かしており、ゆえに、種を超えたコミュニケーションが可能となっているのではないかと考えられます。どのようなコミュニケーションでしょうか。

私たちに身近な動物であるイヌとネコの表情研究から見てみましょう。

眉がハの字に見える表情があります。眉の内側が引き上げられると、こうした表情になります。人間で言えば、悲しみ感情を抱いているときに表れる表情です。

イヌもこの表情をすることがあります。この表情が、イヌと私たちの関係の濃淡を決めているようなのです。

こんな研究知見があります。保護施設に収容されているイヌの中で、この「悲しみ」

表情をするイヌは、しないイヌに比べて、新しい飼い主が早く見つかり、引きとられる、ということを、ポーツマス大学の進化心理学者ブリジット・ウォーラーら研究チームが明らかにしました。

私たちはこの表情を他者の顔に見ると、自然と「かわいそう」と思ってしまう心性を持っています。イヌが、本当に悲しんでいるかどうかはわかりません。どこまで意図してこの表情を動かしているのかもわかりません。しかし、私たちは、人に向ける心性をイヌにも働かせるようなのです。

人間を目の前に偶然この表情をしたオオカミが、人間と共存するようになった。人間と共存するオオカミのほうが、共存しないオオカミに比べ、栄養状態もよく、子孫も残すことができ、繁栄した。長い年月をかけ、オオカミはイヌとなり、この表情ができるイヌが増えた。こんな考察もなされています。

一方、ネコは人間とどう関わっているのでしょうか。サセックス大学で哺乳類のコミュニケーションや認知を研究するタスミン・ハンフリーらの興味深い知見を紹介します。

イヌと同様、保護施設に収容されているネコの中で、ある表情をするネコは、しないネコに比べて、新しい飼い主が早く見つかり、引きとられる、ということがわかっています。それは、どんな表情でしょうか。

ゆっくりと瞬きをする、という表情です。

この表情をネコの顔から引き出すには、私たちの方から、ネコに「ある」表情を向ける必要があります。

ネコの目を見て、ゆっくりと瞬きをします。すると、ゆっくりとした瞬きで返すネコと返さないネコがいる（私が飼うネコたちは、私と目と目が合った瞬間に、ゆっくり瞬きをすることがあるので、個体差はあると思います）。私たちは、ゆっくりとした瞬きで返すネコのほうに愛着を感じる、ということなのです。

なぜ、ゆっくりとした瞬きに愛着を感じるのでしょうか。まず、ゆっくりとした瞬きとは、より正確には、まぶたを半分閉じ、一瞬キープ、そして、そのまま、ゆっくりと瞬きする、という表情です。

この表情は、どんな表情に似ているでしょうか。私たちが、心から楽しいと思うとき、笑顔になり、まぶたが軽く閉じられ、目が細くなります。この目の形に似ているからだと考えられています。

それでは、このとき、ネコ自身はどのような状態なのでしょうか。ネコは、不安やストレスを感じるときにゆっくりと瞬きをすることが知られています。先の状況と合わせて考えますと、笑顔に見える表情を私たちに向け――意図的かどうかは、ネコに聞けないのでわかりませんが――これ以上ストレスを加えられないようにしているのかもしれません。

興味深いのは、イヌとの違いです。イヌは、人間と交わるとき、悲しみ表情に似た表情をしていました。前述の通り、悲しみ表情は、「かわいそう」を喚起します。

一方、ネコは、笑顔に似た表情。笑顔は、無論、心から楽しんでいるときにも見られますが、他者と親しくなろうとしたり、他者に服従したりするときにも見られます。つまり、笑顔には、「私は、あなたと仲よくしたいのです」「私は、あなたの敵ではありませんよ」という社会性を帯びたなかなか複雑なメッセージが込められているのです。

イヌは忠実、ネコは気ままとよく言われますが、イメージとは裏腹にネコも「気をつかっている」のかもしれません。

半目からの瞬きが起きる直前の表情（いつも警戒しながら、毎日、私の家に小休憩しに来る半野良ネコ、パピコ）

第2章

人の心を読む練習

7つの感情と7つの表情の間

第1章では、表情が、私たちがよりよく生き、コミュニケーションをするためにある、万国共通の基盤であることを見てきました。

そして最後に、表情は感情の表れであると同時に、表情が感情を生み出す、という話をしました。

本章では、数多くある——10000種類以上あるとされる——表情の中でも、特に目にする機会が多く、日常生活で活用しやすい表情に焦点を当て、説明します。章末には、練習問題も用意しました。

まずここでは、いつでも、どこでも、誰にでも表れる万国共通の7感情と表情の関係について具体的に説明します。

どのような感情を含むか、どのような機能があるか、どのような表情になるか、について説明します。

幸福表情

弱い幸福表情

▼幸福感情と幸福表情

幸福感情とは、愉快・満足・喜び・安堵《あんど》・快楽・興奮・期待・受容・承認などを含むポジティブな感情の総称を言います。

幸福感情は、目標を達成することで引き起こされます。

身体に行動を促す機能として、**モチベーションを維持、あるいは、誘発させる働き**があります。

コミュニケーションの機能として、**相手に敵意がないことを示す働き**があります。

幸福表情の特徴は２つです。

①頬が引き上げられる
②口角《こうかく》が引き上げられる

①と②の動きによって頬が引き上げられます。

軽蔑表情

弱い軽蔑表情

①の動きは、目のまわりを囲む眼輪筋《がんりんきん》が収縮することによって引き起こされます。この動きによって、目尻にしわができます。このしわがカラスの足跡に似ているという理由から「カラスの足跡」と呼ばれています。

②の動きによって、ホウレイ線が水平に広がります。

感情が抱かれる程度によって、①②の動きの強弱や①②が生じる時間は変わります。

▼軽蔑感情と軽蔑表情

軽蔑《けいべつ》感情とは、優越感・さげすみ・冷笑などを含むネガティブな感情の総称を言います。

軽蔑感情は、不道徳な行為を目撃したり、自身が他者に勝っていると感じたりするときに引き起こされます。

身体に行動を促す機能として、**自尊感情を守らせる働き**があります。コミュニケーションの機能として、**相手に自身が優《すぐ》れていることを示す、あるいは、不道徳な行為を指摘する働き**があります。

軽蔑表情の特徴は１つです。

①片方の口角が引き上げられる

①の動きは、右の口角でも左の口角でもどちらでもかまいません。どちらか片方の口角が引き上がれば、それは軽蔑を意味します。

①の動きによって、片方の頬が引き上げられ、片方のホウレイ線のしわが水平に広がります。片方のみにエクボがつくられることもあります。感情が抱かれる程度によって、①の動きの強弱や①が生じる時間は変わります。

▼嫌悪感情と嫌悪表情

嫌悪《けんお》感情とは、反感・拒否・嫌気・不機嫌・もどかしさなどを含むネガティブな感情の総称を言います。

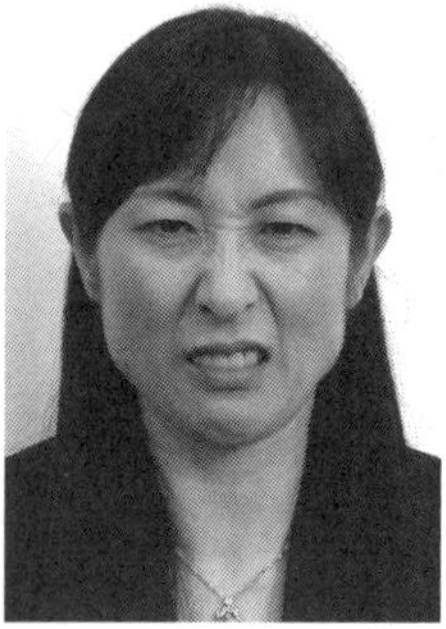

嫌悪表情

弱い嫌悪表情

嫌悪感情は、汚染・不快な言動・腐敗したモノなどに対して引き起こされます。

身体に行動を促す機能として、**不快な人・モノ・言動を排除させる働き**があります。

コミュニケーションの機能として、**相手に避けるべき食物や不愉快な言動を伝える働き**があります。

嫌悪表情の特徴は次の２つです。

①鼻のまわりにしわが寄せられる
②上唇《うわくちびる》が引き上げられる

①の動きによって、眉《まゆ》は下がり、鼻の穴がふさがり、目が細くなります。②の動きによって、上唇が台形になり、ホウレイ線のしわは釣鐘型《つりがねがた》になります。
感情が抱かれる程度によって、①②の動きの強弱や①②が生じる時間は変わります。

怒り表情

弱い怒り表情

▼怒り感情と怒り表情

怒り感情とは、苛立《いらだ》ち・煩《わずら》わしさ・不愉快・不和・不服・難色・憤《いきどお》り・憎しみ・激怒などを含むネガティブな感情の総称を言います。

怒り感情は、目標が遮《さえぎ》られたり、不正義が感じられたりすることで引き起こされます。

身体に行動を促す機能として、**障害を取り除かせる働き**があります。

コミュニケーションの機能として、**相手に脅威を警告する、あるいは、優勢であることを伝える働き**があります。

怒り表情の特徴は４つです。

①眉が中央に寄りながら引き下げられる

②上まぶたが引き上げられる

③下まぶたに力が込められる

④唇が上下からプレスされる／唇に力が入れられながら口が開かれる

①の動きによって、眉間《みけん》に縦のしわか45度程度の斜《なな》めのしわができます。

②の動きによって、目が露出します。

③の動きによって、下まぶたの下にしわが深く刻まれます。

④の動きによって、唇の赤い部分の面積が小さくなります。

感情が抱かれる程度によって、①②③④の動きの強弱や①②③④が生じる時間は変わります。

▼悲しみ感情と悲しみ表情

悲しみ感情とは、失望・喪失・寂しさ・むなしさ・敗北感・みじめ・期待外れ・幻滅・悲惨などを含むネガティブな感情の総称を言います。

悲しみ感情は、大切なモノ・人を失うことで引き起こされます。

身体に行動を促す機能として、**涙腺《るいせん》を緩《ゆる》ませる、失ったものを回収させる働き**があります。

コミュニケーションの機能として、幸福表情との差異を際立たせる**相手に助けや共感を求**

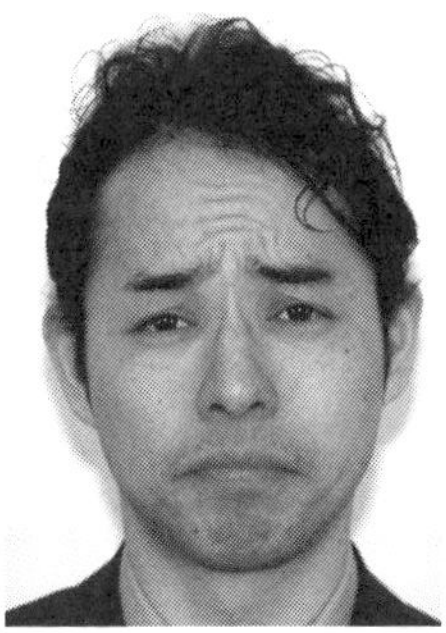

悲しみ表情

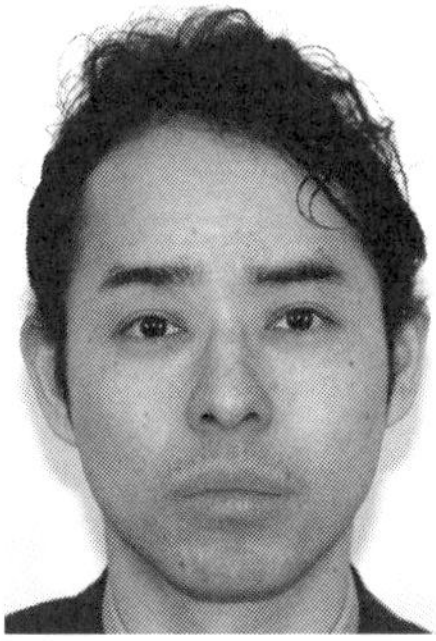

弱い悲しみ表情

める働きがあります。

悲しみ表情の特徴は３つです。

①眉の内側が引き上げられる
②口角が引き下げられる
③下唇が引き上げられる

①の動きによって、眉がハの字になり、額には山状のしわができます。また、上まぶた真ん中あたりが眉間のほうへ向かって引っ張られます。

なお①の動きと同時に眉が中央に引き寄せられる場合もあります。こうした場合、眉間に縦のしわか45度程度の斜めのしわができます。

②の動きによって、ホウレイ線が深くなります。

③の動きによって、あごに梅干し状のしわができます。

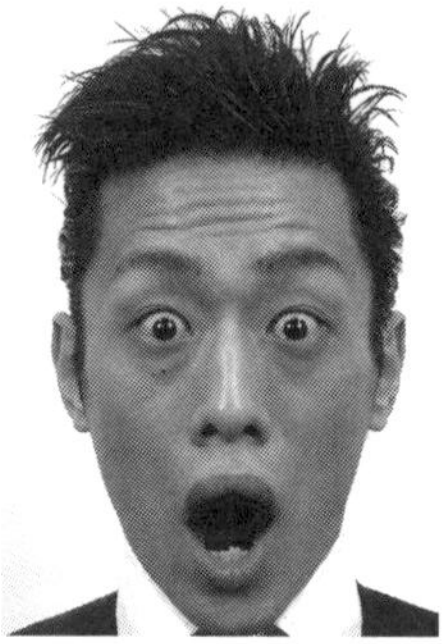

驚き表情

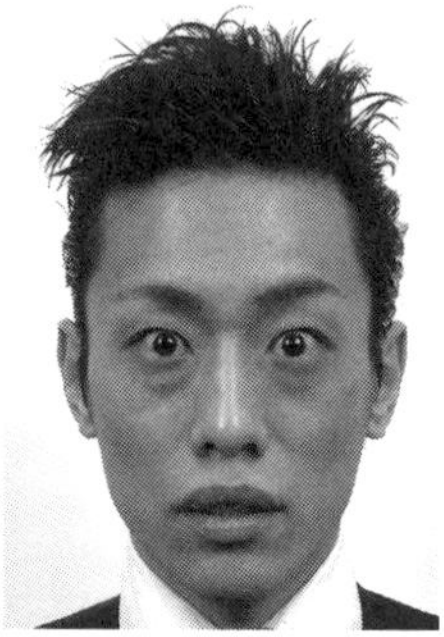

弱い驚き表情

感情が抱かれる程度によって、①②③の動きの強弱や①②③が生じる時間は変わります。

▼驚き感情と驚き表情

驚き感情とは、仰天《ぎょうてん》・瞠目《どうもく》などを含む中立的な感情の総称を言います。

驚き感情は、目新しいモノが突然生じることにより引き起こされます。

身体に行動を促す機能として、**視界を広め、情報を検索させる働き**があります。

コミュニケーションの機能として、**相手に情報を検索していること、あるいは、注目に値する情報があることを伝える働き**があります。

驚き表情の特徴は3つです。

①眉が引き上げられる

②上まぶたが引き上げられる
③口が開かれる

①の動きによって、額に水平のしわができます。
②の動きによって、目が露出します。
③の動きによって、あごが下に落ちます。
感情が抱かれる程度によって、①②③の動きの強弱や①②③が生じる時間は変わります。

▼恐怖感情と恐怖表情

恐怖感情とは、不安・不確実・心配・当惑・危惧《きぐ》・警告・脅威《きょうい》などを含むネガティブな感情の総称を言います。

恐怖感情は、心身に脅威を感じることで引き起こされます。

身体に行動を促す機能として、**脅威を回避させる働き**があります。

コミュニケーションの機能として、**周囲に脅威を警告したり、敵対者をなだめたりする働き**があります。

恐怖表情の特徴は５つです。

恐怖表情

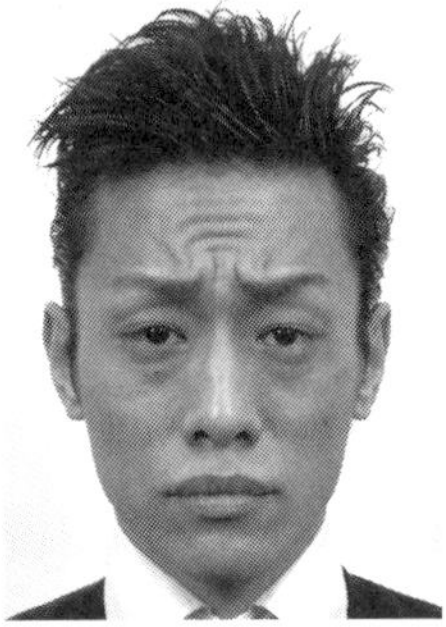
弱い恐怖表情

①眉が引き上げられる
②眉が中央に寄りながら引き下げられる
③上まぶたが引き上げられる
④下まぶたに力が込められる
⑤唇が水平に引かれる

①と②の動きが同時に起こることによって、上げられる動きと下げられる動きが拮抗《きっこう》し、眉はカギ型となり、額に波状のしわができます。オメガ（Ω）のしわと呼ばれることもあります。

③の動きによって、目が露出します。④の動きによって、下まぶたの下にしわが深く刻まれます。⑤の動きによって、あごは平らになります。

感情が抱かれる程度によって、①②③④⑤の動きの強弱や①②③④⑤が生じる時間は変わります。

7 表情に次ぐ準万国共通の感情と表情

ここでは、いつでも、どこでも、誰にでも表れる可能性のある準万国共通の感情と表情の関係について具体的に説明します。

準万国共通の表情とは、万国共通の表情より共通の程度が下がるものの、万国共通の可能性がある、と考えられ、目下、積極的に研究が進められている表情です。

また、準万国共通の表情は、身体に行動を促す機能よりも、コミュニケーションの機能のほうが重視されます。したがって、これらの表情は抑制されることが少なく、顔全面にわかりやすく生じる傾向にあります。

それでは、どのような感情を含むか、どのような機能があるか、どのような表情になるか、について説明します。

▼羞恥感情と羞恥表情

羞恥《しゅうち》感情とは、格好悪さ・気まずさ・後悔などを含むネガティブな感情の総称を言います。

羞恥感情は、身体的なミス（人前で転んでしまう等）、あるいは認知的なミス（漢字の読み間違いをする等）をすることによって引き起こされます。

身体に行動を促す機能として、**潜在的な脅威から回避させる働き**があります。

コミュニケーションの機能として、**低められた自己像を修正したり、謝罪したりする働き**があります。

羞恥表情の特徴は６つです。

羞恥表情

①下まぶたに力が込められる
②口角が引き上げられる
③口角が引き下げられる
④頭が左右どちらかに向けられる
⑤頭が下げられる
⑥視線が下げられる

ほとんどの動きは、見たままの通りですが、②③の動きは表情の見え方を少し複雑にします。②と③の動きは相反し、口角は、引き上げられることもあれば、引き下げられることもあります。ホウレイ線は、台形のようになります。

また、羞恥にともない、額や頬を手で触る動きが生じることも多々あります。①②③④⑤⑥の動きは、往々にして、わかりやすく生じます。

▼恥感情と恥表情

恥感情とは、自分に向けられた怒り・孤立感・劣等感・後悔などを含むネガティブな感情の総称を言います。恥感情は、社会的なルール違反をしたことが周囲に露呈することによって引き起こされます。羞恥と恥は似ていますが、恥は羞恥に比べ、ミスの程度が大きいときに生じます。

恥表情

身体に行動を促す機能として、**潜在的な脅威から回避させる働き**があります。

コミュニケーションの機能として、**低められた自己像を維持しようとしたり、周囲に社会的ルールを大切に思っていることを伝えたりする働き**があります。

恥表情の特徴は2つです。

①頭が下げられる
②視線が下げられる

①②の動きは、往々にして、わかりやすく生じます。

▼罪悪感と罪悪感表情

罪悪感《ざいあくかん》とは、自己卑下・後悔・良心の呵責《かしゃく》・失望などを含むネガティブな感情の総称を言います。罪悪感は、自分に課したルールや社会のルールから逸脱することによって引き起こされます。犯したミスの程度が大きくなるほど、羞恥──→恥──→罪悪感と感情が深まります。

身体に行動を促す機能として、**潜在的な脅威から回避させる働き**があります。

コミュニケーションの機能として、**ルール違反を認めたり、謝罪を伝えたりする働き**があります。

罪悪感表情の特徴は3つです。

①左の口角が引き上げられる
②視線が下げられる
③頭が下げられる

①②③の動きは、往々にして、わかりやすく生じます。
ところで、片方の口角が引き上げられる動きは、軽蔑でした。視線の向かう先は、往々にして、感情が向けられる対象です。興味・関心の対象です。

視線が下に向けられる場合、概《おおむ》ね、感情が自己に向かっていることを意味します。このことから、罪悪感とは、軽蔑を自分自身に向ける自己卑下と言い換えることができます。ただし、罪悪感の典型表情の場合、なぜ、右ではなく、左の口角が引き上げられるのかは謎です。

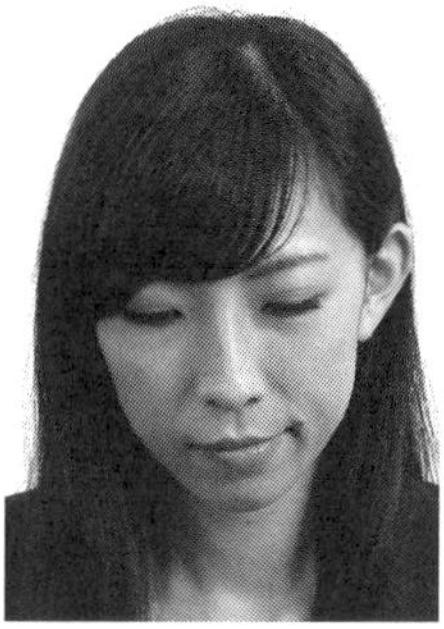

罪悪感表情

感情以外に表情が表れるとき

表情は感情以外も表れます。のどが渇く、お腹が空く、欲情する、眠い、痛いなどの生理的反応や、熟考する、興味を抱く、退屈するなどの認知的反応も表情（通常、感情の表れを表情と呼ぶため、生理的反応や認知的反応に対する顔の動きは、顔面筋《がんめんきん》の動き、というのが適当です。しかし、わかりやすさを優先し、すべて表情と呼びます）に表れます。

ここでは、コミュニケーションに役立つものの、観察に注意が必要な、熟考と興味に焦点を当て説明します。

▼熟考と熟考表情

熟考とは、集中して考えている状態を言います。熟考は、頭を使うことによって引き起こされます。

身体に行動を促す機能として、**集中度を引き上げさせる働き**があります。

コミュニケーションの機能として、**相手に考え中であること、相手の話を理解できていないということを伝える働き**があります。

①

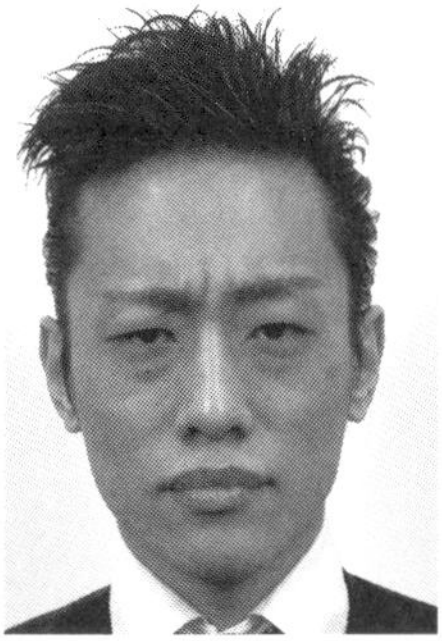

眉が中央に寄りながら
引き下げられる

②③

唇が巻きこまれる
＋
エクボがつくられる

④⑤

口角が引き下げられる
＋
下唇が引き上げられる

⑤⑥

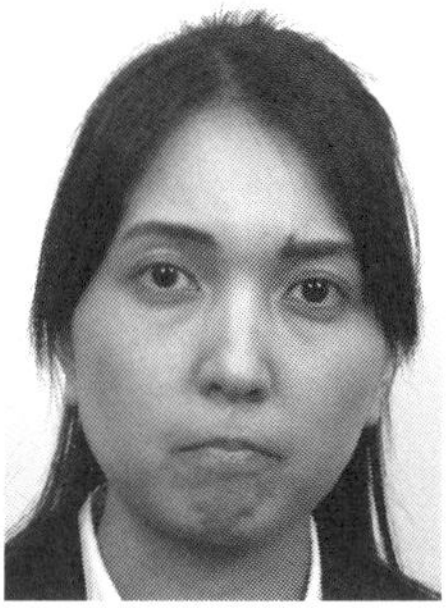

下唇が引き上げられる
＋
唇が上下からプレスされる

熟考表情の特徴は６つです。

①眉が中央に寄りながら引き下げられる
②唇が巻きこまれる
③エクボがつくられる
④口角が引き下げられる
⑤下唇が引き上げられる
⑥唇が上下からプレスされる

熟考の程度によって、①②③④⑤⑥の動きの強弱や①②③④⑤⑥が生じる時間は変わります。また、特に②③④⑤⑥の表情は、認知的負担表情といい、深い熟考、頭をフル回転しているときの表情です。

なお、①②③④⑤⑥の動きがフルセットで生じることは稀《まれ》で、通常、１つ〜３つの動きが組み合わさり、生じます。

また、上下まぶたに力が込められる動きや視線を正面から逸《そ》らす動きが生じることもあります。これらの動きによって、視覚情報に制限をかけます。典型的には、上または下に視線を落とします。上は天井、下は床で、視覚に入る情報が少ないからです。焦点をどこか一点に固定させることもあります。まぶたを閉じることもあります。これらの動きを通じて、集中状態を邪魔する視覚情報をシャットアウトし、熟考するのです。

②③の動きは特徴的で、②の動きによって唇の赤い部分が見えなくなります。③の動きによって、唇の端が鋭くなり、動きの力が強いとき、唇の赤い部分が白くなります。

ところで、顔面筋の動きは、ある表情とある感情が一対のペアというように、つねに一つの意味に定まるとは限らず、動きのコンビネーションや状況や表出時間に応じて、意味が変わり得る、ということが言えます。

たとえば、「眉が中央に寄りながら引き下げられる＋上まぶたが引き上げられる＋下まぶたに力が込められる＋唇が上下からプレスされる」動きのコンビネーションなら、怒りの可能性が高い。なぜならば、先に説明した感情——表情の関係は、典型的な表情の動きがそろっていればいるほど、その感情が込められていることを意味するからです。

「眉が中央に寄りながら引き下げられる＋唇が上下からプレスされる」動きのコンビネーションなら、怒りより、熟考の可能性が高い。

あるいは、「眉が中央に寄りながら引き下げられる＋唇が上下からプレスされる」動きが、瞬間的に生じれば、それは怒りが抑制しきれず漏洩《ろうえい》した結果、怒りの微表情として生じた可能性が高い。

同じ動きでも2~3秒生じていれば、それは相手に「わからない」を伝えるための熟考表情の可能性が高いと言えるでしょう。怒りを表すことは、一般的によくないこととされる一方、熟考を表すことは、悪いことと考えられていないためです。

このように表情の意味を考えるとき、瞬間的に把握できないこともあり、検討が必要な場合があります。

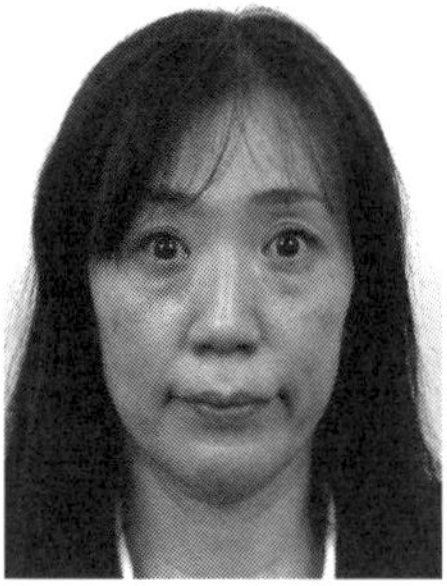
興味表情

▼興味と興味表情

興味とは、驚き・関心を含む状態を言います。

興味は、新奇な出来事がポジティブに捉えられることによって引き起こされます。

身体に行動を促す機能として、**情報を広くポジティブに収集させる働き**があります。

コミュニケーションの機能として、**対象に興味・関心があることを伝える働き**があります。

興味表情の特徴は2つです。

①眉が引き上げられる
②口角が引き上げられる

興味の程度によって、①②の動きの強弱や①②が生じる時間は変わります。

意図的に表情をつくるとき

これまでに説明してきた表情は、各感情や認知的反応（熟考する、興味を抱くなど）が自然に生じるときの典型パターンです。

一方、表情は、意識的につくることができます。感情や認知的反応が自然のままに表れようとするとき、一旦立ち止まり（一瞬ですが）、意識することで、よりわかりやすい表情にして見せたり、逆に、本音《ほんね》を隠そうと表情を抑制させたりすることができます。

本能に理性が絡《から》むのです。理性が本能を後押しすることもあれば、本能と競合することもあります。そこで、相手を意識し、意図的に表情をつくろうとする、あるいは抑えようとするとき、どのような方法があり、どのような表情として表れるのか、順を追って説明します。

私たちは、どのような意図を持って表情をつくるのでしょうか。意図的に表情をつくる方法は、次の3つ——強化・修飾化《しゅうしょくか》・偽装化《ぎそうか》です。

「強化」とは、本当に抱いている感情を強く表現することです。

テレビ等に出演するタレントさんのリアクションがわかりやすいと思います。あるタレントさんが、共演者のギャグを少しおもしろいと感じたとします。しかし、視聴者にわかりやすく感情を伝えるため、あるいは、その共演者を気づかい、幸福表情を大げさに表すでしょう。幸福表情の強化です。

「修飾化」とは、本当に抱いている感情が表情に表れたとき、その表情の解釈を変えるために、別の表情を注釈として追加することです。

たとえば、上司が、感情のままに部下を怒鳴りつけるとします。とっさに「きつく言いすぎてしまった」と思った上司は、すぐに怒り表情を幸福表情に切り替え、「君に期待しているからこそ、厳しい言葉をかけたのだよ」と言うかもしれません。

このように本当の感情の後に他の感情を意味する表情をつけ加え、先の感情の解釈を変容させます。幸福表情の修飾化です。

「偽装化」とは、心に抱いていない感情を抱いているように演技することです。

本当はまったく楽しくないにもかかわらず、「すごく楽しいです」と言いながら、幸福表情を浮かべる。幸福表情の偽装化です。

すべて幸福表情ですが、意図するところは同じではないのです。

ところで、意図的な表情と関連する用語に、「会話のシグナル」というものがあります。**会話のシグナルとは、私たちが会話をするときに、意識・無意識を問わず動かしている顔の筋肉の動きのこと**です。

会話のシグナルの中でも、イラストレーター、レギュレーターと呼ばれる表情は、表情づくりの３つの戦略（強化・修飾化・偽装化）に関連があります。

「イラストレーター」とは、思考が視覚化されるときに見られる表情のことで、話し手がつくる表情です。

たとえば、話し手が、眉を上げ、聞き手に興味を促す。眉を下げ、熟考を促す。こうした様子を目にしたことがあるかと思います。営業員が、「本商品のカラーバリエーションには、赤・青・黄色があります」と言うとき、青のところで眉を引き上げれば、青を強調していることがわかります。

「レギュレーター」とは、会話の流れを調整するための表情のことで、聞き手がつくる表情です。たとえば、聞き手が、眉を上げ、興味を示し、眉を下げ、熟考を訴える。話し手は、聞き手の眉が下がるのを見て、「このままのペースで話を続けてはいけない」、そんなふうに思うでしょう。

ここで、これまで述べた自然な表情、表情づくりの３つの戦略、会話のシグナルの関係を整理したいと思います。

最初に、自然な表情と表情づくりの３つの戦略の関係です。

万国共通および準万国共通の表情が、強化・修飾化・偽装化の３つの戦略を通じて意識的につくられます。いつつくられるかは、つくる人の必要に応じて、ということになります。

次に、自然な表情と会話のシグナルの関係です。

目下、イラストレーターやレギュレーターは、眉でおこなわれる熟考と興味に研究の範囲が限定されています。

しかし、日常のコミュニケーションから実感されることですが、さまざまな表情がイラストレーターやレギュレーターとして用いられています。

「これは由々《ゆゆ》しき出来事なのです」というセリフに恐怖表情を乗せて言えば、恐怖表情はイラストレーターとなります。

保険の営業員が、将来起こり得るリスクを説明しているときに、聞き手が、恐怖表情を浮かべれば、「そのリスクを脅威と感じています。もっと話してください」というメッセージとなり、営業員に伝わることで、恐怖表情はレギュレーターとして機能します。

最後に、表情づくりの３つの戦略と会話のシグナルの関係はどうでしょうか。

大きな舞台でプレゼンテーションする際、イラストレーターを強化する必要があるでしょう。他者の表情に鈍感な話し手に対して、レギュレーターを強化する必要を感じるでしょう。また、本音では興味がないにもかかわらず、興味を持っているように表情をつくることは、往々にしてあるでしょう。

自社の商品に興味がなくても、営業成績を上げなくてはいけない営業員。商品に興味を持っていなくても、愛想で話を聞き続けるお客さま。こうした状況で、修飾化や偽装化のイラストレーターやレギュレーターを目にします。

つくられた表情の見分け方

それでは、このように意図的につくられた表情をどのように察し、受けとればよいでしょうか。

まずは、察し方です。ポイントは、表出タイミング、信頼できる筋肉、ベースラインからの乖離《かいり》の3つです。

最初に、「表出タイミング」です。自然な表情が表れている時間は、0・5〜4秒、5秒程度です。驚きは1秒で終わり。怒りは7秒続くこともあるとされています。

この**表出時間を超えて、表情が顔に固定されているように表れていたら、表情がつくられている可能性あり**、ということです。

なお、この0・5〜4秒、5秒という時間は、1つの刺激に対して表情が反応する時間です。おもしろいギャグを連続で聞けば、何度もギャグという刺激を受けることになりますので、5秒を超えて笑い続けることはあります。

また、**つくられた表情は唐突に消失します。**表情に余韻がありません。一方、**自然な表情は、ゆっくり消えます。**感情に何らかの疾患《しっかん》がなければ、感情は、１つの感情から別の感情にコロコロ切り替わらず、たとえ複数の感情を連続的に抱くことになっても、一つ一つの感情はゆっくり消え、別の感情になるため、表情に余韻が残るのです。

夕方以降、駅の改札などで、「お疲れさまでした」「じゃあ、また」と笑顔で別れの挨拶を交わしている場面を目にすると思います。

お互いがお互いに背を向けた瞬間の表情を見ると、幸福表情の余韻を残している場面や、瞬間的に幸福表情が真顔に切り替わる場面を観察できるかもしれません。

前者が自然な幸福表情で、後者がつくられた幸福表情です。

次は、「信頼できる筋肉」から察する方法です。**信頼できる筋肉とは、本当の感情を抱いていなければ意図的に動かすことができない顔面筋**のことを言います。

これまでの研究から、

①頬が引き上げられる動き
②眉の内側が引き上げられる動き

③口角が引き下げられる動き
④眉が引き上げられ、眉が中央に引き寄せられ下げられる動き

の4つが信頼できる筋肉であることがわかっています。
①は、つくられた幸福表情に見られない動きとして知られています。一見、笑顔に見えるものの、「目が笑っていない」などと言いますが、これは①が動いていないためです。②と③は、つくられた悲しみ表情に見られない動きとして知られています。④は、つくられた恐怖表情に見られない動きとして知られています。
一方、本当に感情があったとしても、その抱かれている感情が弱いとき、信頼できる筋肉が動かないことがあります。したがって、言葉そのものや声の調子などから強い感情を訴えているように思われるものの、**信頼できる筋肉が動いていなければ、表情がつくられている可能性あり、ということになります。**

ここでこぼれ話を一つ。私が監修した「科捜研の女 シーズン16」第1話および第2話は、この恐怖表情がポイントとなるストーリーでした。
制作過程において、「④がない恐怖表情は、つくられた表情になってしまい、表情から本音を見抜こうとするストーリーの論理が破綻します。したがって、俳優さんがこの表情を自然に浮かべられるように、徹底的に演技指導や雰囲気づくりをお願いします」と監督さんにお願いし、④の動きのつくり方をお教えしました。

放送を見ると、その俳優さんの顔には、リアルな恐怖表情が表れていました。素晴らしい俳優さんです。

この話をすると、「信頼できる筋肉も意図的につくれるの？」と疑問に思われる方がいらっしゃると思います。じつは、トレーニングすれば、動かせるようになります。また、①の動きは、自撮り文化の影響か、多くの方が自然に動かせるようになってきているように思われます。

信頼できる筋肉といえども、筋肉。トレーニングや習慣で操《あやつ》れるようになります。

最後は、「ベースラインからの乖離」です。要は、**自然な表情に比べて大げさかどうか、**ということになります。**大げさならば、表情がつくられている可能性あり、**ということになります。

大げさの程度をどう見積もればよいかは、状況や個人のクセによります。これは往々にして、直感的な観察眼に頼ることになります。

他にも、**つくられた表情は、左右非対称になる**ことがわかっています。しかし、整形手術等をしない限り、私たちの顔はもともと左右非対称なので、この知見を実用することは難しいでしょう。

数多くの人の表情を観察し、表情の読みとり方を数多く教授してきた経験からオススメする方法は、表出タイミング、信頼できる筋肉、ベースラインからの乖離の３つのポイントを総合的に見て、察するということです。

ここで一つ、留意点。「表情を見てコミュニケーションをするとき、その表情が、強化されているのか、修飾化、偽装化されているのか、イラストレーターなのか、レギュレーターなのか、分類する必要はありますか？」と質問されることがあります。

表情のコミュニケーションを研究する目的なら、「はい」という答えになりますが、日常のコミュニケーションの中で使うだけならば、「いいえ」です。

「表情がつくられている」という意識とそれがどんな表情——たとえば、怒り・嫌悪・驚き——なのかを意識さえすればよいと考えます。

つくられた表情へのアプローチ法

それでは、表出タイミング、信頼できる筋肉、ベースラインからの乖離の３つのポイントを勘案した結果、つくられた表情に気づいたとき、その意図をいかに受けとればよいでしょうか。

結論から言いますと、各感情・認知のコミュニケーションの機能に沿ったアプローチをするという方法がオススメです。コミュニケーションの流れを円滑《えんかつ》にし、お互いの関係を良好なものにできるでしょう。

なぜならば、強化、修飾化、偽装化された表情は、そこに本当の感情が込められているか否《いな》かを問わず、他者を明確に意識している、つまり、**他者に見られる表情が前提となっているため、感情・認知のコミュニケーション機能が強調されている、**と考えることができるからです。

無論、イラストレーターもレギュレーターも、他者に見られる表情が前提ですので、コミュニケーション機能が強調されます。

たとえば、ビジネス交流会で、お互いに自分のビジネスを紹介し合う場面を想像してみてください。相手が、「自社の特徴は○○です」と驚き表情をつくり、メッセージを伝えてきます。

驚きのコミュニケーションの機能は、「相手に情報を検索していること、あるいは注目に値する情報があることを伝える」でした。この働きに沿い、「それは凄いですね」と驚き表情をしながら、相槌《あいづち》を打つ、というアプローチです。

より具体的な活用法は、次章にて詳述したいと思います。

ところで、コミュニケーションの相手が、詐欺師《さぎし》や犯罪者などで、こちらに実害を加えようとしている場合や、そこまででなくとも、相手との会話を早く切り上げたい場合、どうアプローチしたらよいでしょうか。

先と反対のアプローチをするのがオススメです（もちろん、「あなたの話にまったく興味がありません」とハッキリ伝えてもよいのですが）。

いちばん簡単な方法は、**無表情のまま相手の話を聞く**。少し工夫して、**相手の表情とは逆の表情をつくる**。たとえば、相手が眉を上げれば、自分は下げる。相手がポジティブな表情で話せば、自分はネガティブな表情をつくる。高い確率で相手に嫌われるでしょう。

意図的に表情を抑制するとき

私たちは、表情を意図的につくる一方で、抑制し、何の表情かわからなくしようとすることもあります。どのように抑制するのでしょうか。表情の抑制には、３つの方法があります。弱化《じゃっか》・中立化・隠蔽化《いんぺいか》です。

「弱化」とは、本当に抱いている感情を弱めることです。

ネットにアップされていた「満員電車で見てはいけない」という動画をiPhone片手に満員電車の中で見ていたときのことです。この動画が凄くおもしろく、つい噴き出してしまうような内容満載なのです。

視聴していると、「フフッ」と、つい笑ってしまう。しかし、電車の中なので大爆笑できない。幸福表情が表れないように抑えます。それでも、少し笑ってしまう。幸福表情の弱化です。

「中立化」とは、本当に抱いている感情を何も感じていないかのように中立表情を保つことで

す。いわゆるポーカーフェイスのことです。無表情と呼ばれることもあります。

ポーカーで自分に有利なカードが回ってきたときや、ブラフ（だます戦略）をして相手が乗ってきたとき、幸福感情が溢《あふ》れ出します。しかし、幸福表情が表れないように中立の表情をします。幸福表情の中立化です。


「隠蔽化」とは、本当に抱いている感情を別の感情で隠すことです。愛想笑いが代表例ですが、さまざまな表情でもなされます。

お母さんが幼い子どもを叱っている場面です。お母さんは、感情的になってしまい、持っている長ネギで子どものお尻を叩きます。叱られている理由を子どもに問うつもりで、「何で怒っているのかわかる？」と言います。子どもが答えます。「ネギで」。

子どもは素《す》で答えています。お母さんは、このミスコミュニケーションが、おかしく、笑いそうになります。しかし、笑ってしまったら、叱る行為が台無しです。そこで、幸福表情を怒り表情で隠します。幸福表情の隠蔽化です。ところで、これ、本当の話です。

すべて幸福感情ですが、表れている表情は同じではないのです。

抑制された表情の見分け方

それでは、このように抑制された表情をどのように察し、受けとればよいでしょうか。まずは、察し方です。

ポイントは、マニピュレーター、感情抑制、微表情の３つです。

「マニピュレーター」とは、感情が不安定なとき、安定な状態に戻すための行為のことです。身体の一部を使って身体のその他の部分を触ったり、さすったり、擦《す》りつけたりする行為として生じます。

たとえば、緊張している人が、手（＝身体の一部）で胸元（＝身体のその他の部分）をさすったり、手（＝身体の一部）で顔（＝身体のその他の部分）を触ったり。外出先で嬉しいニュースを目にした人が、手（＝身体の一部）と手（＝身体のその他の部分）をすり合わせ、テンションの上昇を抑えようとしている。こうした様子を見たことがあるかと思います。

こうした行為を私たちは表情でもおこないます。

よく目にするマニピュレーターは、歯で唇が噛まれる、唇が上下で擦り合わされる、頬が

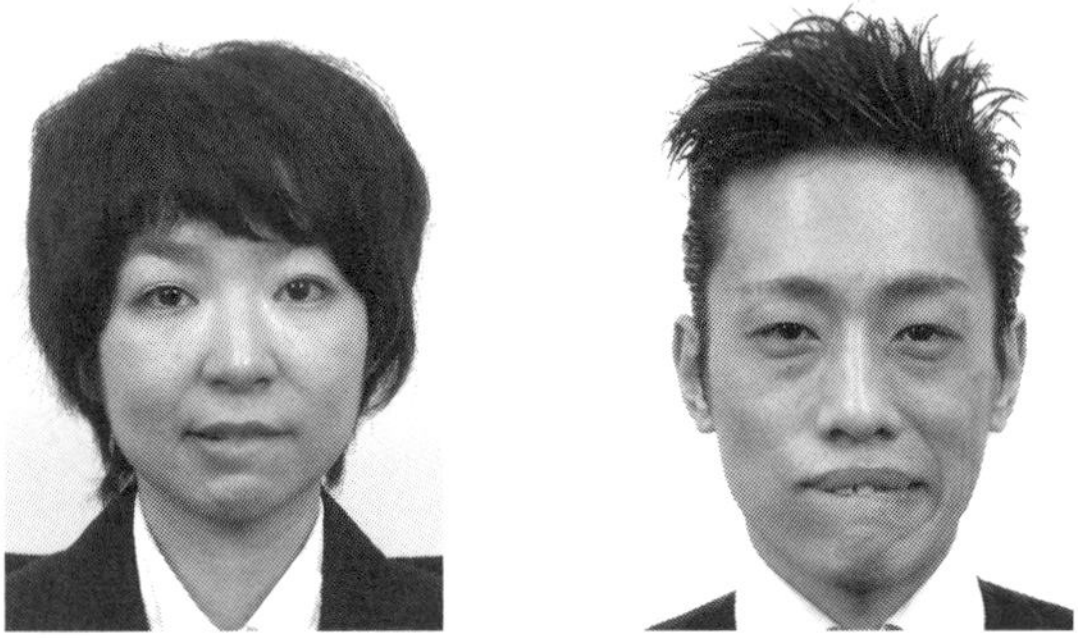

マニピュレーター

歯で噛まれる、舌が歯で噛まれる等です。表情にマニピュレーターが表れるとき、何らかの表情を抑制しようとしている可能性あり、ということになります。

「感情抑制」とは、感情が抑制されるときに生じる表情のことを言います。微表情も感情が抑制された結果、生じる表情ですが、感情抑制表情の場合、表情から何らかの感情が抑制されていることはわかるものの、何の感情が抑制されているか明確ではない、ということです。

感情抑制表情の特徴は5つです。

①唇が巻きこまれる
②エクボがつくられる
③口角が引き下げられる

④下唇が引き上げられる
⑤唇が上下からプレスされる

感情抑制の程度によって、①②③④⑤の動きの強弱や①②③④⑤が生じる時間は変わります。お気づきの通り、これらの表情は、熟考表情の中の認知的負担表情と同じです。表情から、感情抑制と認知負担を区別することはできません。したがって、状況から判断する必要があります。

たとえば、これらの表情が、難しい計算問題を解いているときに生じれば、認知負担表情の可能性が高く、今は亡き大切な人の思い出話のとき生じれば、悲しみ感情を抑制している表情である可能性が高いでしょう。

最後は、「微表情」です。抑制しようとしても、**抑制しきれないあらゆる感情が、微表情として漏洩**します。

種類別に微表情を検知することができれば、どんな感情――表情が抑制されたのかを、マニピュレーターや感情抑制表情に比べ、最も明確に把握することができます。

表情観察・分析のための特別なトレーニングを受けたことがなくても、マニピュレーターと感情抑制は、比較的容易に気づくことができます。まずは、これらの表情から、抑制された表情に敏感になるとよいと思います。

なお、つくられた表情同様、表情を研究するのでなければ、弱化・中立化・隠蔽化など分類する必要はなく、「表情が抑制されているな」という意識を持ってコミュニケーションできれば十分です。

抑制された表情へのアプローチ法

それでは、これらポイントを観察した結果、抑制された表情に気づきます。その意図をいかに受けとればよいでしょうか。先のつくられた表情と違い、こちらは複雑です。

抑制された表情をしている人物が、「言いたいのに言い出せない」「想いが言葉にならない」、そんな状態にいると考えられるならば、状況に応じて、これまでに述べてきた各感情・認知の身体に行動を促す機能およびコミュニケーションの機能の両方を意識したアプローチをするという方法がオススメです。

「なぜ、この人は私の気持ちに気づいてくれるのだろう」と思ってもらえるでしょう。

抑制された表情をしている人物が、その「隠された想いに気づいてほしくない」状態にいると考えられるならば、スルー。抑制された表情に気づいても、見なかったことに。とはいえ、もし、その隠された想いがこちらに実害を加えるようなものならば、その表情が表れた話題について追及することも大切です。ウソをつこうとしている人には、「この人には、ウソがつけない……」と恐れられるでしょう。

抑制された表情の受けとり方のアプローチが複雑なのは、なぜでしょうか。

弱化・中立化・隠蔽化された表情は、他者に見られない表情が前提となっています。「いま、ここ」にある表情、そして、その根底に流れる感情や認知に気づいてほしいか、気づいてほしくないかは、表情を弱化・中立化・隠蔽化した本人の意図によるからです。

たとえば、採用面接の場面を想像してみてください。応募者が、「集団で目的を成し遂げるには行動力がともなわなくてはいけない」と発言します。こう考えるようになったわけを、学生時代の体験から話してくれます。

「腹が立つことがあったのです。学園祭のとき……」と話しはじめ、「指示だけで、身体を動かさないメンバーに怒りを抱いた」、そんな話をしてくれました。このとき、恐怖の微表情が生じます。

この応募者の「言うに言われぬ想いを受け止めるべきだ」と考えられるならば、身体に行動を促す機能およびコミュニケーションの機能からアプローチします。恐怖の機能は、それぞれ「脅威を回避させる」「周囲に脅威を警告したり、敵対者をなだめる」でした。慣れない面接に緊張し、恐怖を抱いているのでしょうか。「脅威を回避したい」と身体は訴えている。しかし、「面接に緊張し、堂々とした自分を演出できないのは、マイナス評価になるかもしれない」と応募者は思っているのかもしれません。

脅威、緊張を和《やわ》らげてあげましょう。たとえば、ニコッと笑いかけ、「面接は皆、緊張しますからね。大丈夫。ご自分の想いをゆっくりでよいのでお話しください」。こうした声掛けが、恐怖感情の解消につながります。

このアプローチは、単に感情を解消させるだけではありません。相手に好感を抱いてもらえる可能性も高まります。

なぜなら、私たちは、感情を我慢するのが嫌いだからです。感情を解放すると気持ちがよいのです。解放したくてもできない感情が、解きほぐされ、理解されたとき、嬉しくなるのです。

一方、この話題がとても重要で、真偽《しんぎ》を確かめる必要があるとします。「ウソをついているから、恐怖の微表情が表れているのではないか」、そう思われるならば、この話題について納得いくまで慎重に深掘りです。

たとえば、「この話に続きはありますか」「指示だけメンバーに何か対応をしましたか」など、具体的に質問するとよいでしょう。より具体的な活用法は、次章にて詳述します。

■練習問題

それでは、練習問題を通じて、表情観察・分析のスキルを向上させましょう。

【練習問題1】 顔の上半分から表情を読みとろう

感情が強い場合、顔全面にわかりやすく表情は表れますが、感情が弱い場合や抑制される場合、顔の上下一部分にしか表れないことがあります。

本問では、顔の上半分のみに表れる表情を読みとる練習をします。

次の画像は、怒り、悲しみ、驚き、恐怖、熟考、興味表情のいずれかです。なお、1つの画像につき、複数の表情が正解となる場合もあります。

眉の形や額《ひたい》のしわから推測してみてください。

〔解説〕

①額に水平のしわが表れているところから、眉が引き上げられているのがわかります。こ

①
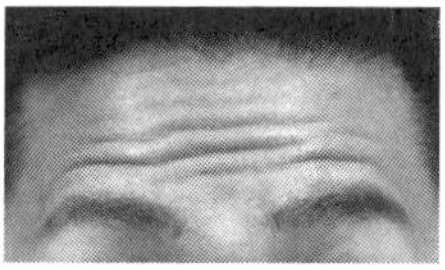
②
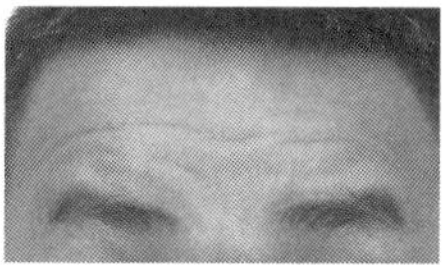
③
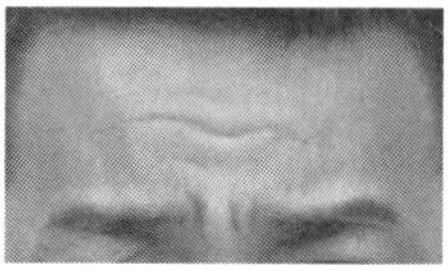
④
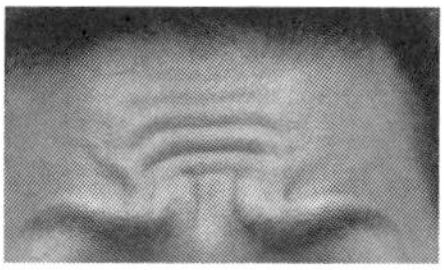
⑤
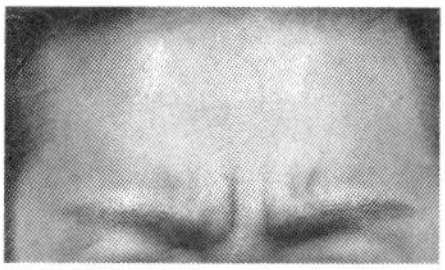
⑥
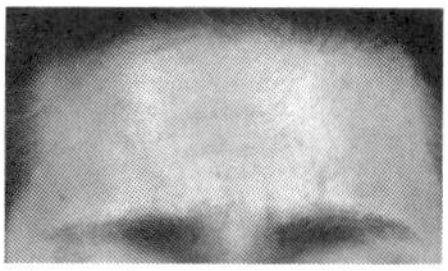

れらの動きは、驚き、興味表情の特徴です。

②は、①に比べ明確ではありませんが、水平のしわがあることがわかります。この動きは、驚き、興味表情の特徴です。

③眉がカギ型になり、額に波状のしわが表れているところから、眉が引き上げられ、眉が中央に寄りながら引き下げられているのがわかります。これらの動きは、恐怖表情の特徴です。

④は、③よりも明確にカギ型眉と波状のしわが表れているのがわかります。これらの動きは、恐怖表情の特徴です。

⑤眉間に縦のしわが表れ、眉が逆ハの字になっているところから、眉が中央に寄りながら引き下げられているのがわかります。これらの動きは、怒り、熟考表情の特徴です。

⑥眉がハの字になっているところから、眉の内側

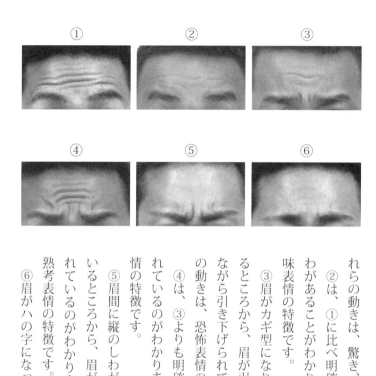

が引き上げられているのがわかります。これは、悲しみ表情の特徴です。

【練習問題2】 顔の下半分から表情を読みとろう

次は、顔の下半分のみに表れる表情です。次の画像は、幸福、軽蔑、怒り、悲しみ、驚き、恐怖、熟考、感情抑制表情のいずれかです。

なお、1つの画像につき、複数の表情が正解となる場合もあります。口角の傾きや口まわりのしわから推測してみてください。

〔解説〕

①唇の端が左右均等に引き上がっているところから、口角が引き上げられているのがわかります。この動きは、幸福表情の特徴です。

②口まわりが強張っているところから、唇が水平に引かれているのがわかります。この動きは、恐怖表情の特徴です。

③口まわりがリラックスし、歯と歯の間に隙間が見られるところから、口が開かれている

①

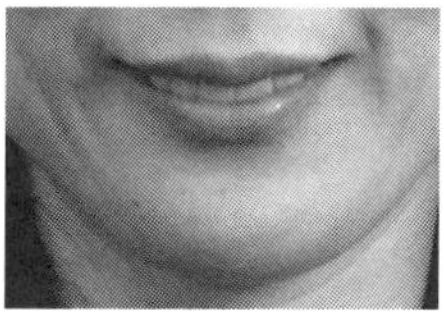

②

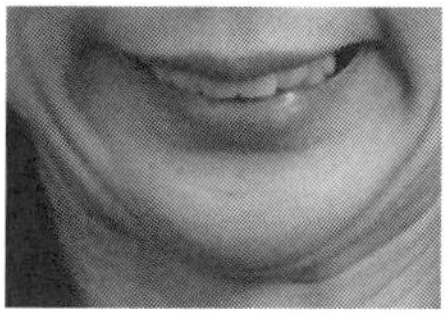

③

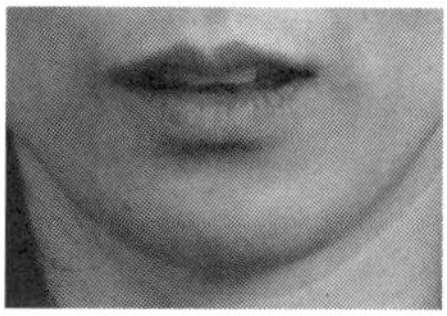

④

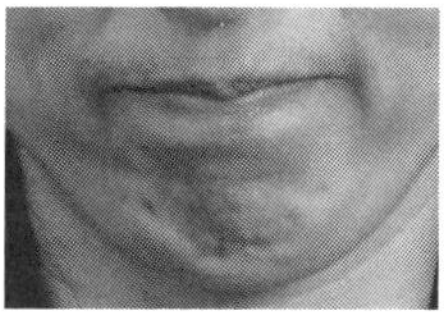

⑤

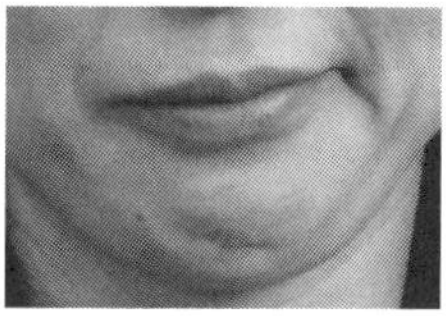

⑥

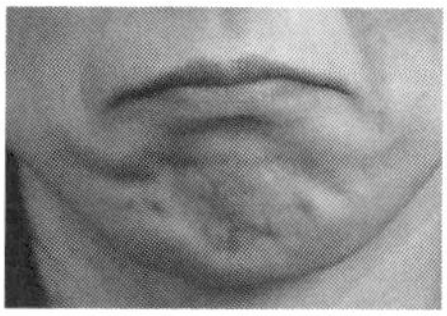

のがわかります。この動きは、驚き表情の特徴です。

④唇が閉じられ、唇中心に向かってしわが集中しているところから、唇が上下からプレスされているのがわかります。この動きは、怒り、熟考、感情抑制表情の特徴です。

⑤（この画像の人物にとっての）左側の口角が、右より高く、引き上げられているのがわかります。この動きは、軽蔑表情の特徴です。

⑥口角がへの字になり、上あごに梅干し状のしわがあるところから、口角が引き下げられ、下唇が引き上げられているのがわかります。これらの動きは、悲しみ、熟考、感情抑制表情の特徴です。

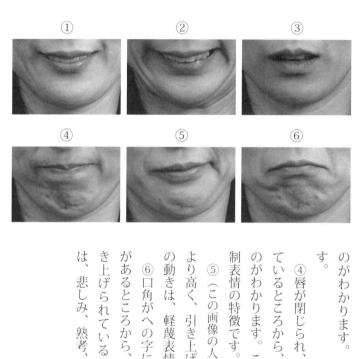

【練習問題3】 複雑な表情を読みとろう

本章では、単一の感情と表情の関係を説明してきました。しかし、心に抱かれる感情は1つとは限りません。2つ以上（3つ以上は、稀ですが）の感情が、複雑な表情として表れるのです。混合表情と言います。ポイントは、各感情に特徴的な表情を見つけ、組み合わせで考える、です。

次の画像は、幸福、軽蔑、嫌悪、怒り、悲しみ、驚き、恐怖表情の組み合わせです。さまざまな表情の動きの痕跡から推測してみてください。

〔解説〕

①口角と頬が引き上げられています。これらの動きは、幸福表情の特徴です。眉と上まぶたが引き上げられ、口が開かれています。これらの動きは、驚き表情の特徴です。幸福＋驚き表情の混合です。

②眉がカギ型です。これは、眉が引き上げられる動きと眉が中央に寄りながら引き下げられる動きの組み合わせゆえです。また、上まぶたが引き上げられ、下まぶたに力が込められ

①

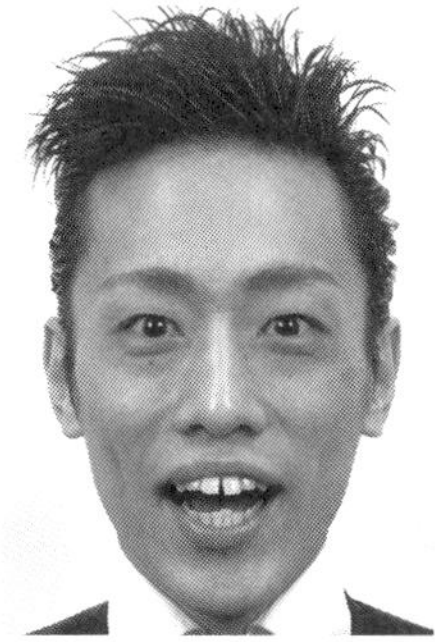

②

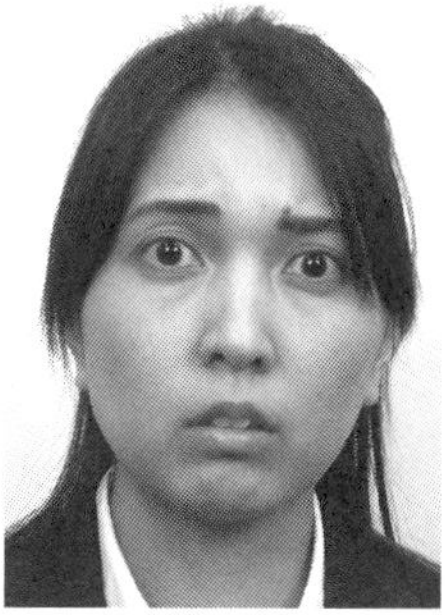

③

④

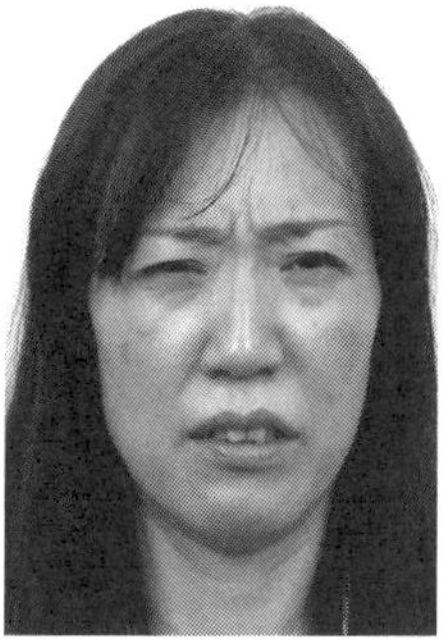

⑤

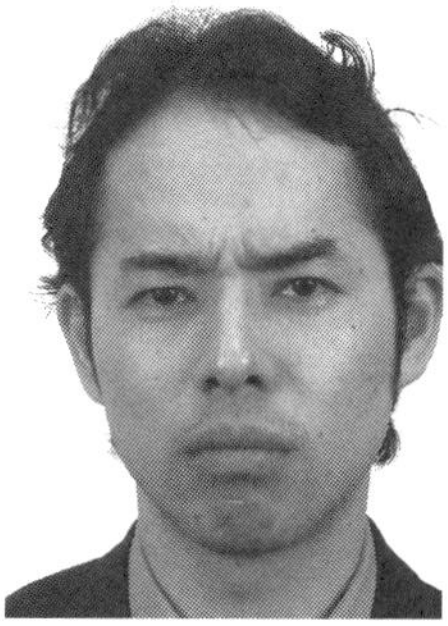

⑥

ています。これらの動きは、恐怖表情の特徴です。口が開かれています。この動きは、驚き表情の特徴です。恐怖＋驚きの混合表情です。

③眉が中央に寄りながら引き下げられ、上まぶたが引き上げられ、下まぶたに力が込められ、唇が上下からプレスされています。これらの動きは、怒り表情の特徴です。また、ホウレイ線が釣鐘型になっているところから、上唇が引き上げられていることがわかります。この動きは、嫌悪表情の特徴です。怒り＋嫌悪の混合表情です。

④眉が中央に引き寄りながら引き下げられています。この動きは、怒り表情の特徴です。ホウレイ線がやや上に引き上げられ、唇が上下離れているところから、上唇が引き上げられていることがわかります。また、ホウレイ線が深くなり、目が細くなっているところから、鼻のまわりにしわが寄せられていることがわかります。これらの動きは、嫌悪表情の特徴です。怒り＋嫌悪の混合表情です。

⑤眉が中央に寄りながら引き下げられ、上まぶたが引き上げられ、下まぶたに力が込められています。これらの動きは、怒り表情の特徴です。上まぶた真ん中あたりが眉間の方へ向かって微妙に引っ張られているのがわかります。これは、眉の内側が引き上げられているゆえです。また、口角が引き下げられています。さらに、上あごに梅干し状のしわがあることから、下唇が引き上げられています。これらの動きは、悲しみ表情の特徴です。怒り＋悲し

みの混合表情です。

⑥口角と頬が引き上げられています。これらの動きは、幸福表情の特徴です。また、鼻のまわりにしわが寄せられています。この動きは、嫌悪表情の特徴です。幸福＋嫌悪の混合表情です。

【練習問題４】笑顔で隠蔽された表情を読みとろう

幸福表情は、ネガティブな表情を隠蔽するのに最もよく利用される表情です。そこで、本問で、幸福表情で隠蔽化された表情を読む練習をしましょう。

次の画像（96ページ）は、幸福、軽蔑、嫌悪、怒り、悲しみ、驚き、恐怖表情が、幸福表情に隠蔽化された表情です。さまざまな表情の動きの痕跡から、どんな表情が隠蔽化されているか推測してみてください。

〔解説〕

①眉間のしわから、眉が中央に寄りながら引き下げられる動きがわかります。また、唇が

①

②

③

④

⑤

⑥

上下からプレスされているのがわかります。これら動きは、怒り表情の特徴です。怒り表情が、幸福表情に隠蔽化されています。

②目が細められ、鼻のまわりにしわが寄せられています。この動きは、嫌悪表情の特徴です。嫌悪表情が、幸福表情に隠蔽化されています。

③は、②と同じです。

④（この画像の人物にとっての）左側の口角が、右より高く、引き上げられています。この動きは、軽蔑表情の特徴です。軽蔑表情が、幸福表情に隠蔽化されています。

⑤眉がハの字になっている、明瞭に整ったハの字ではありませんが、眉尻《まゆじり》に比べて、眉頭《まゆがしら》が上方を向いているのがわかります。このことから、眉の内側が引き上げられている動きがわかります。この動きは、悲しみ表情の特徴です。悲しみ表情が、幸福表情に隠蔽化されています。

⑥は、②と同じです。

以上、偽の幸福表情＋ネガティブ表情、つまり、本問での幸福表情は、隠蔽化用の笑顔であり、本当に幸福感情を抱いているわけではない。そんな表情でした。ところで、真の幸福感情をともなった幸福＋ネガティブ表情という混合表情というのは、存在するのでしょうか。もちろん、存在します。くさや、ドリアン、納豆、チーズ……等々。「臭いものが好き」というのはよくあることです。そんなとき、幸福＋嫌悪の混合表情となります。

幸福表情が心から抱かれているのか、隠蔽のために使われているのかの見分け方は、本章、つくられた表情の察し方と受けとり方の説明を参照してください。

【練習問題5】微細な表情を読みとろう

感情が抑制される、感情の生じはじめで引っこめられる、あるいは、抱かれている感情が弱い場合、弱い顔面筋の動きをともない、微細な表情、微表情として、顔の全部、あるいは、一部分に表れます。

次の画像は、幸福、軽蔑、嫌悪、怒り、悲しみ、驚き、恐怖表情のいずれかです。さまざまな表情の動きの痕跡から推測してみてください。

〔解説〕

①鼻のまわりにしわが寄せられています。この動きは、嫌悪表情の特徴です。嫌悪の微表

①

②

③
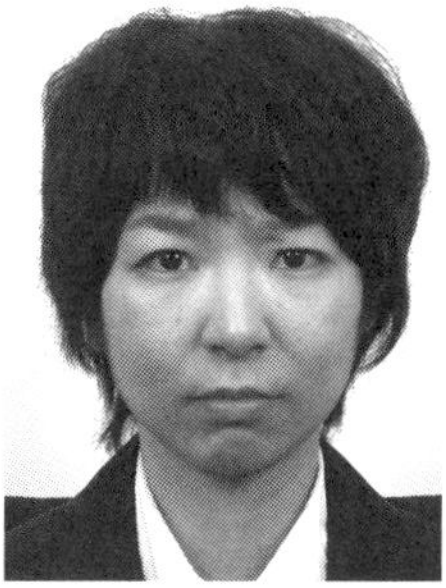

④

⑤
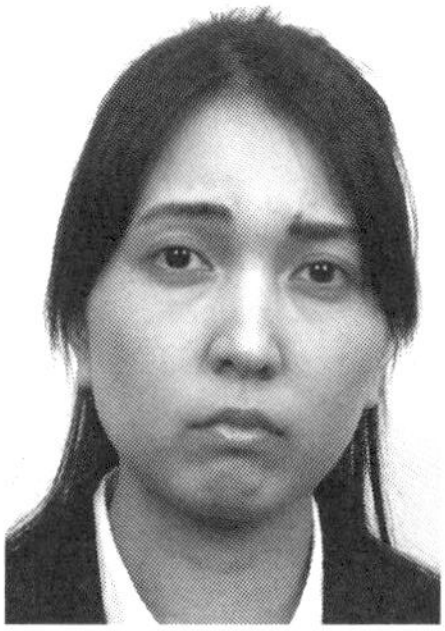

⑥

情です。
②眉がカギ型になり、額に波状のしわが表れています。これは、眉が引き上げられる動きと眉が中央に寄りながら引き下げられる動きの組み合わせゆえです。また、上まぶたが引き上げられ、下まぶたに力が込められています。これらの動きは、恐怖表情の特徴です。恐怖の微表情です。
③眉間のしわから、眉が中央に寄りながら引き下げられる動きがわかります。また、上まぶたが引き上げられ、下まぶたには力が入れられています。これらの動きは、怒り表情の特徴です。怒りの微表情です。
④わずかに眉がハの字になっているところから、眉の内側が引き上げられる動きがわかります。また、口角が引き下げられています。これらの動きは、悲しみ表情の特徴です。悲しみの微表情です。
⑤眉がハの字になっているところから、眉の内側が引き上げられる動きがわかります。また、口角が引き下げられ、上あごの梅干し状のしわから下唇が引き上げられているのがわかります。これらの動きは、悲しみ表情の特徴です。悲しみの微表情です。
⑥上まぶたが引き上げられています。この動きは、驚き表情の特徴です。また、わずかに口角も引き上げられています。この動きは、幸福表情の特徴です。驚き＋幸福の微表情です。

コラム　絵画や仏像の表情を分析する

美術館や博物館、公共の場で目にする絵画やモニュメント等々、さまざまな場所で顔に出会います。こうした顔の中には、一見すると単純な表情でも、よく見ると微妙で複雑な表情が混じり、つくり手の繊細な想い、あるいは、作品そのものから、声なき声が聞こえてくる気がします。

モナ・リザの左右非対称に引き上げられた口角と消えたホウレイ線。ここに、微笑に隠された軽蔑や嫌悪の痕跡が垣間見えます。モナ・リザの複雑な微笑にさまざまな想像力がかき立てられます。

ムンクの叫び。見開かれた目の中心部に黒目が位置しています。やや首を垂らし、こちらに視線を向けているようです。首を垂らす、下を向くのは自己との対話。視線の先は、興味の対象。不可思議な何かが自分の中にいることに気づき、狂気しているのでしょうか。

イースター島のモアイ像の唇の形を見ると、唇が上下からプレスされ、下唇が引き上げられているようです。熟考でしょうか。感情抑制でしょうか。やや上方に向けられた首の角度と合わせて考えると、未来について考えている。あるいは、空の彼方から何かが来るのを待っている。そんなふうに思われます。

　こうした絵画や像の表情の中で、ふと目にした瞬間、私の心に強烈な印象を与えた表情があります。それは、**運慶《うんけい》作、横須賀の浄楽寺《じょうらくじ》所蔵の不動明王像《ふどうみょうおうぞう》**です。不動明王は、忿怒《ふんぬ》顔《がお》といわれ、基本的には、怒り表情をしていますが、像によって微妙に異なり、多様な表情を表しています。浄楽寺所蔵の不動明王像の表情から、仏の声なき声に耳を傾けてみます。

　不動明王は仏の心がわからない者に対し、忿怒の表情で震え上がらせ、仏教に帰依《きえ》するように強制的に働きかけると言われています。左手で持つ縄で人間を縛りつけ、右手に持つ刀で、人間の欲を断ち切り、像の背景にある炎でその欲を燃やす、そんなふうに解釈されているようです。

　しかし、不動明王の表情をよく見ると、忿怒、すなわち、怒り以外にも感情が込められています。

　まず、眉です。カギ型になっています。額の中央部に3本のしわを確認することができます。眉が引き上げられる動きのみなら、水平のしわが額全体に生じます。しかし、眉が引き上げられるのと同時に、眉が中央に寄りながら引き下げられると、このように中央部にしわが寄るのです。ここから恐怖を読みとることができます。

次に、口に注目します。口角が引き下げられています。この動きは、悲しみ、熟考、感情抑制に関連しています。いずれでしょうか。不動明王自身の顔の右側を隠し、左側の表情のみを見てください。すると、どうでしょう。弱々しい目とともに、悲しみ表情が表れてきます。

今度は、右側の表情です。上まぶたが引き上げられ、目がくわっと見開かれ、眉間のしわとともに口角を見ると、怒り表情の抑制でしょうか。熟考の可能性も残ります。

力強さを体現する不動明王がなぜ、こうした弱々しい表情を覗《のぞ》かせているのでしょうか。どうやら、不動明王は、仏の心を理解せず、苦しみの世界から抜け出せない者を憂えているようです。しかし忿怒顔を維持するために、恐怖や悲しみが表情に出ないように感情抑制をしている、「どうしたものか」と熟考している。そういったところかもしれません。

最後にもう一つ。気になる感情の痕跡があります。目尻を見てください。右目の目尻のほうが見やすいと思います。そこに３本のしわが刻まれています。これはカラスの足跡といい、普通は笑顔になったときに生じるしわです。

しかし、不動明王の表情に笑顔はありません。それでは、なぜカラスの足跡があるのでしょうか。

それは、不動明王が平生はニコニコしているからだと思われます。長い年月をかけて特定の表情をする人の顔には、その表情特有のしわが刻まれる。つまり目尻に笑いじわ、すなわちカラスの足跡がある人というのは、長い年月を通じ、日々笑顔を絶やさない人生を送ってきた人だと言えるのです。

仏はあらゆるものに姿を変え、私たちを仏道に導こうとすると言われます。ときに優しく、ときに厳しく。不動明王は、仏、如来の化身《けしん》です。そうであるならば、仏のにこやかな表情の痕跡が不動明王の目尻に残された、そんなふうに私は思っています。

絵画や像の顔を観察してみてください。微妙な顔面筋の動きの中に、作品の、作者の繊細な心が込められた、意外なサインに気づくことができるかもしれません。

第3章

初対面の味方！微表情コミュニケーション術

トレーニングの前に

第1章では、表情が、私たちの生存とコミュニケーションにとって重要な万国共通の基盤であることを見てきました。第2章では、万国共通および準万国共通の表情、認知的な表情、コントロールされた表情とその働きについて見てきました。

いよいよ本章では、日常やビジネスコミュニケーションの中において、表情がどのように表れ、どのようにアプローチすればよいのか、具体的な事例・問題を通じて考えていきます。

本章で紹介・解説する方法は、さまざまなコミュニケーション場面で活用できますが、初対面の場面で、特に重宝するでしょう。また、本章を読み進めていくうちに、まったく背景情報がない相手だとしても、その場その場の表情がいかに多彩な心理を反映するか理解できるでしょう。

本章の事例にトライしていただく前にもう一つ。前章では、表情をわかりやすく説明するため、モデルにポーズしてもらった表情を使用しました。一方、本章に登場する表情は（但し書きがない限り）、問題のエッセンスを抽出した実験計画のもと、実際に実験し、撮影したものです。つまり、自然でリアルな表情なのです。ゆえに実践に即したトレーニングをすることができます。

それでは、準備はよいでしょうか。表情という情報を活《い》かして、コミュニケーションを円滑《えんかつ》にする方法を、バタフライ・エフェクトを起こすきっかけを考えてみてください。

（注：本章で使用している表情画像は、繰り返しますが各問題のエッセンスを抽出した実験計画のもと、実験し、撮影されたものです。したがって、描写されている人物像は、あくまで設定によるもので、写真の人物とは関係ありません。なお、表情画像の権利は、株式会社空気を読むを科学する研究所に帰属します。無断転載を禁じます）

接待・懇親会――真顔は、おいしい？　まずい？

取引を円滑に進めるために、あるいは、親睦《しんぼく》を深めるために、接待や懇親会《こんしんかい》をセッティングすることがあることと思います。

事前に出席者の好みを調査しておくことは可能です。しかし、どうしてもアドリブ的な要素が生じてきます。事前情報が間違いだった、食材は好きだけど味つけがイマイチ、嫌いなものが入っていた等々。その場で好き嫌いをはっきり言ってくれればわかりやすいのですが、そうは事が進まないのが常です。
表情を手がかりにアドリブ力を高めましょう。
では、問題です（レベルは2つ。レベルが上がるにつれ、難しくなります）。

【問題──レベル1】

あなたは、潜在的取引先の社員さんを接待しています。ちょうど、飲み物を口にしているところです。あなたは、相手においしい飲み物と食事を堪能《たんのう》してもらいたいと思っています。しかし、この社員さんは、感想をハッキリとは口にしません。そこであなたは、社員さんの表情をもとに、どの飲み物をおいしい、あるいはおいしくないと感じているか予測し、適切なアプローチにつなげようと考えています。

①②は社員さんが別々の飲み物を飲み終えた直後の表情です。それぞれの表情にどうアプローチしたらよいでしょうか?

①

②

〔解説〕

①も②も唇が上下からプレスされています。第2章での説明によれば、怒り、熟考（認知的負担）、感情抑制と解釈できそうです。

しかし、すみません、最初の問題から例外的な表情が登場してしまいました。じつは、これらの表情は、味わっている表情なのです。

私たちは、飲食物を味わうとき、唇《くちびる》が上下からプレスされ、口角《こうかく》が引き下げられ、口が開かれる表情をすることがわかっています。

したがって、これらの表情は、何らかの感情ではなく、ただ単に味わっている、と解釈します。そこで、①②とも他の表情に注目し、再考します。

まず、①を考えてみましょう。①は、顔の上半分に表情がありません。つまり、真顔です。飲食中に生じる真顔の解釈は、「おいしい」、少なくとも「食べられる許容範囲」です。味覚と表情の関係を検討したさまざまな研究から、まずいと感じる味にはネガティブな表情をし、おいしいと感じる味には何の表情も表さないことがわかっています。

特に、酸味や苦味《にがみ》に対して私たちは、嫌悪《けんお》表情を表します。酸味や苦味のあるものは、腐っていたり毒の味であり、有害なものを体内に取り入れないようにするメカニズムが作用しているゆえだと考えられています。

そこで、相手の感情を汲《く》んだアプローチとしては、同じもの、あるいは、同じテイストのものをすすめてみる（断られたら、お腹いっぱいか、単に違うものも食べたいと思っているかでしょう）、次回のために「相手は、この味が好き、少なくとも許容範囲なのだ」と覚えておく、が適当と考えられます。

次に②です。②は、ホウレイ線が釣鐘型《つりがねがた》になっています。上唇が引き上げられることによって生じます。嫌悪表情です。眉《まゆ》が中央に寄りながら引き下げられ、まぶたが閉じられています。これらの表情は、典型的ではありませんが、嫌悪のとき生じることもあるため、②は嫌悪が優位であると解釈してよいでしょう。

なお、②は、口角が引き上げられています。幸福表情に関わる動きです。しかし、幸福表情は、嫌悪を隠蔽《いんぺい》するためのものであると考えられます。

先に説明した通り、おいしいと感じるとき、幸福表情になるのは稀《まれ》だからです。また、もし本当においしいと感じ、それを伝えたいなら幸福表情が表されるだけで、嫌悪が混入するとは考えられません。

相手が「ハッキリ感想を口にしない」というところから、嫌悪のニーズとして、身体に行動を促す機能の「不快な人・モノ・言動を排除させる」を想定します。

相手の感情を翻訳するならば、「あ、これまずい。でもご馳走になっている手前、そうは言えないな」といったところでしょう。

相手の感情を汲んだアプローチとしては、さり気なく違う飲食物をすすめる、次回のために「相手は、この味が嫌いなのだ」と覚えておく、が適当と考えられます。

ところで、おいしいと感じるものを食べているときに表情が表れないのはなぜでしょうか。それは、栄養価の高いものを食べているということが表情から悟られ、まわりに食物を奪われてしまうのを防ぐため。「太古の昔に機能していた表情の名残である」という説があります。

確かにお気に入りのラーメン屋で、ニコニコ顔でラーメンを食べていないはずです。真顔で黙々とすすっています。

この現象、結構やっかいだと思いませんか。家庭で出された料理を黙々と真顔で食べていれば、「感謝が足りない！」や「おいしいと思っている？」と誤解を生む原因になる恐れがあります。ですので、幸福表情のコミュニケーション機能を意識し、ニッコリ笑い、「いつもおいしいよ。ありがとう」と言いましょう。

惰性に任せるとすぐに真顔になってしまいます。気をつけましょう。

【問題――レベル2】

あなたは会社のプロジェクトリーダーです。メンバーはさまざまな部署から集められたため、メンバーのことをよく知りませんし、メンバー同士もお互いを知りません。そこで、顔合わせを兼ねて懇親会を開催することにしました。

あるメンバーが、何でも「おいしいです、おいしいです」と言ってくれます。しかし、ちょっと違和感があります。本当のところが気になります。メンバーの本当の好みを把握したいと思っています。

①

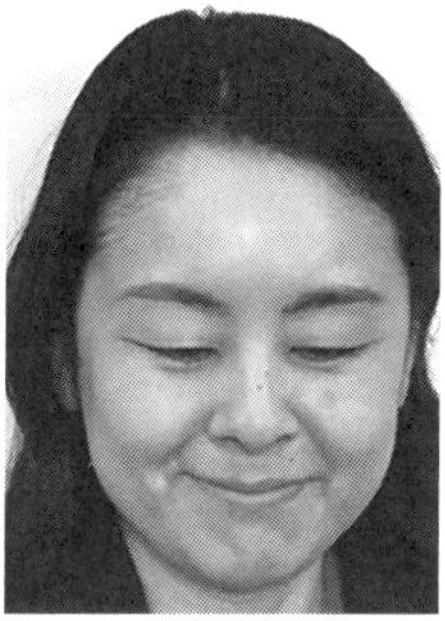

②

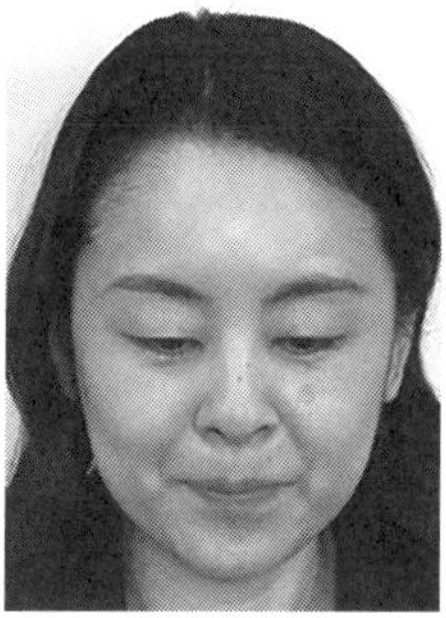

①②は当のメンバーが別々の飲み物を飲み終わり、「おいしいです」と言った直後の表情です。それぞれの表情にどうアプローチしたらよいでしょうか？

なお、うつむき加減になっているのは、グラスを下に置くためで、羞恥《しゅうち》表情ではありません。感情を推測する手がかりから「うつむく」動きを外してください。

【解説】

①②とも口角が引き上げられています。幸福表情です。幸福表情を意図的につくることは容易であり、おいしさにともない生じることは稀であるため、真のおいしさの表れであると解釈するのは早計です。それぞれ見てみましょう。

まず、①です。①は、左側の口角に比べ、右側の口角が高く引き上げられています。軽蔑《けいべつ》表情です。軽蔑と幸福の混合表情、あるいは、軽蔑を幸福表情で隠蔽している表情の可能性が考えられます。

幸福表情の性質を考えると、素直に「おいしいと思っているはずだ」と判断しないほうが無難です。

軽蔑のニーズとして、身体に行動を促す機能の「自尊感情を守らせる」を想定します。メンバーの感情を翻訳するならば、「こんなもの私に食べさせて。私の自尊心が傷つくわ。でも、はっきり言うわけにもいかないし」といったところでしょうか。

メンバーの感情を汲んだアプローチとしては、先に登場した嫌悪同様、さり気なく違う飲食物をすすめる、「メンバーは、この味が口に合わないのかもしれない」と考える、が適当と考えられます。

次に②です。②は、唇が上下からプレスされています。本問題の場面から考えて、味わっている表情だと考えられます。それ以外に特徴的な表情はありません。つまり、真顔です。飲食中に生じる真顔は、「おいしい」、少なくとも「食べられる許容範囲」です。

メンバーの感情を汲んだアプローチとしては、同じもの、あるいは同じテイストのものをすすめてみる、「メンバーは、この味が好き、少なくとも許容範囲なのだ」と覚えておく、が適当でしょう。

なお、唇が上下からプレスされる表情について、アサヒクオリティーアンドイノベーションズ株式会社醸造科学研究所の脇平崇浩《わきひらたかひろ》ら研究チームによっておこなわれた研究から興味深い知見が見出されています。

市場に流通しているビール３種類を実験参加者に飲んでもらいます。このとき、参加者の表情を計測します。参加者にどのビールが最もおいしいと感じるか回答してもらいます。飲酒中の参加者の表情と回答を合わせて分析すると、最もおいしいと感じるビールを飲んでいるとき、唇が上下からプレスされる表情を最も生じさせる傾向にある、ということがわかりました。

なかなか興味深い知見です。なぜなら、３種類のビールは市販されているものですので、基本的に、どれもおいしい。唇が上下からプレスされる表情は、味わう表情ですので、最もおいしい味に、私たちは味わう表情をより多く生じさせるのではないか、と考えられるからです。

これまでおいしい表情は真顔だと考えられてきましたが、この研究から、真顔以外もあり得る、ということが明らかとなりました。

キックオフミーティング――会議を成功させるポイント

新企画やプロジェクトのスタート。「最初の会議が要《かなめ》である」と言っても過言ではないでしょう。どんな計画で、どんなプロセスを経て完了するのか。見通しがクリアになっていれば、プロジェクト中に紆余曲折《うよきょくせつ》あっても、大まかな方向性を見失うことはありません。

しかし、最初の会議は、プロジェクトメンバーの共通理解を根本からつくらなくてはいけないため、多くのことを正確に説明する必要があります。使用する用語・単語一つとっても共通理解が徹底していなければ、小さな誤解が大きな誤解へと発展してしまうかもしれません。

もう一つ気になるのが、やる気です。ものごとのスタートには、爆発的な行動力が必要です。行動を促すのは、やる気。メンバーのやる気がどんな状態か、リーダーは気になるところでしょう。

少数でもやる気に陰りがあるメンバーがいれば、全体の士気が下がってしまう恐れがあります。では、問題です。

【問題――レベル1】

キックオフミーティングにて、あなたはプロジェクトの各段階を説明しています。各メンバーは、資料に目を落としながらあなたの話を聞いています。説明中のメンバーの表情は次の通りです。それぞれの表情が数秒間、表れています。どのメンバーの表情にどうアプローチしたらよいでしょうか？

①

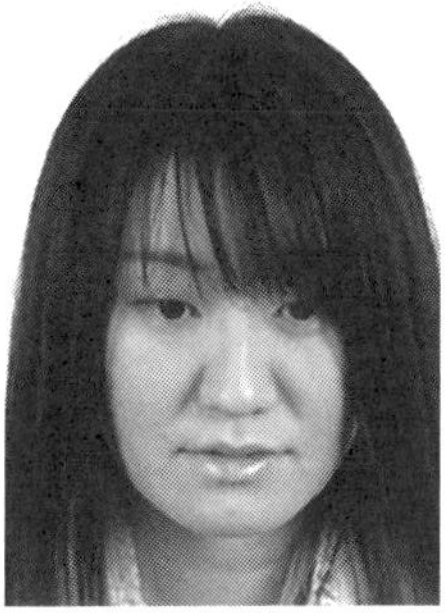

②

③

④

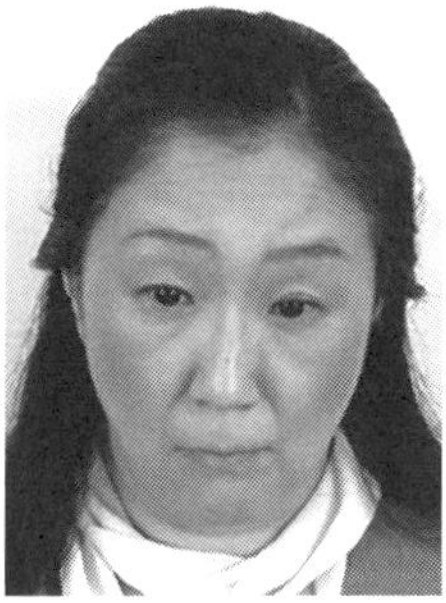

〔解説〕

①は、微妙にですが、口が開かれています。驚き表情です。驚きのニーズとして、コミュニケーションの機能の「相手に情報を検索していること、あるいは、注目に値する情報があることを伝える」を想定します。メンバーの感情を翻訳するならば、「話を聞き続けています。情報収集中です」といったところでしょう。アプローチは、特になし。スルーでよいでしょう。

②は、真顔です。スルー。

③は、眉間《みけん》にしわが寄っているところから、眉が中央に引き寄せられ下げられていることがわかります。会議の席および表情が数秒間、表れているということを根拠に、熟考表情と考えます。熟考のニーズとして、コミュニケーション機能の「相手に考え中であること、相手の話を理解できていないということを伝える」を想定します。メンバーの感情を翻訳するならば、「どういう意味だろう。もっと考えないと理解できないな」といったところでしょう。メンバーの感情を汲んだアプローチとしては、質問を促す、ゆっくり丁寧《ていねい》に説明し直す、が適当でしょう。

④は、眉と上まぶたが引き上げられています。驚き表情です。①に同じ。スルーです。

ところで、熟考表情は数秒間、わかりやすく顔に表れるため、相手の顔を時折みて話をする限り、簡単に気づくことができます。ただ、ときに私たちは相手の顔を見ずに会話をしています。

ミーティングの場に限らず、仕事を頼むときや、部下からの報告を聞くとき、相手の顔を見ていない様子を多々目にします。「気にかけてもらっている」「自分の存在は認められている」という認識は、こうした会話の視線配り一つで生み出すことができます。思い当たる節がある方は、注意してみてください。ほんのちょっとの意識で驚くほど、相手の表情が見えるようになります。

【問題――レベル２】

キックオフミーティングの続きです。あなたの計画を、驚き表情を浮かべ、「うん、うん」と聞いてくれるメンバーがいたり、熟考表情を浮かべ考えこむメンバーもいたりと、さまざまです。

熟考表情を浮かべるメンバーには質問を投げかけたりしながら、共通理解ができつつあることを実感しています。

いよいよプロジェクトの中でも、あなたが力を入れたい話題に差しかかりました。メンバーから賛同を得られるか気になっています。

説明中のメンバーの表情は次の通りです。あるメンバーの顔に微表情が表れました。どのメンバーの表情にどうアプローチしたらよいでしょうか？

①

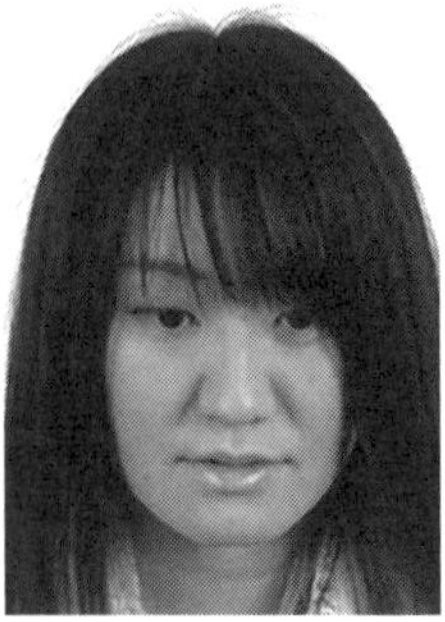

②

③

④

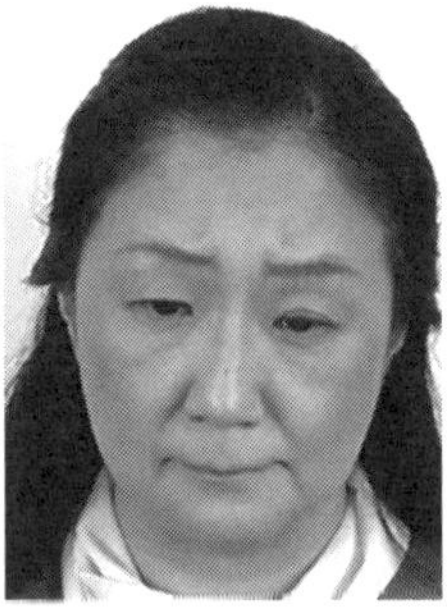

〔解説〕

①は、口が開かれています。驚き表情です。アプローチは、特になし。スルーでよいでしょう。

②は、真顔です。スルーしてもよいです。しかし、表情の動きが何も見られないということは、感情がない、あるいは、弱いということ。あなたの熱が伝わっていない、共感されていない可能性があります。彼がここまで何の発言もしていなければ、「ここまでの話ですが、どう思いますか？」など質問し、ミーティングへの積極的な参加・発言を促してもよいかも知れません。

③は、真顔です。②と同じです。

④は、眉がカギ型になっているところから、眉が引き上げられ、眉が中央に寄りながら引き下げられているのがわかります。恐怖表情です。恐怖のニーズとして、身体に行動を促す機能およびコミュニケーションの機能の「脅威《きょうい》を回避したい」「警告したい」を想定します。微表情が表れているということから、自身が抱く懸念を「言うに言い出せない心情」を推測することができます。メンバーの感情を汲んだアプローチとしては、「何か懸念や、実行に際して心配なこと、引っかかることはありますか」と、質問するのが適当です。

「懸念を直接質問する」がポイントです。よくあるのが、「何かあったら言ってください」と抽象的に皆に向けて、質問のような質問ではないような、保険を求める発言が見られます。恐怖に限りませんが、明確な表情をあなたに向けるわけではなく、微表情が漏洩《ろうえい》しているということは、発言したくてもできない事情を抱えているわけです。

メンバーの内向的な性格に起因しているのかもしれないし、その場の雰囲気――たとえば、ミーティングが議論の場ではなく、合意ありきの場合など――に起因しているのかもしれません。ですので、「何かあったら〜」とふんわり投げかけるのではなく、「直接」が重要なのです。

恐怖の微表情に何のアプローチもしなければ、メンバーは不安を抱えたままプロジェクトを実行に移さなくてはならず、やる気や実行力を十分に高められないでしょう。

ところで、怖がりや心配性の方は貴重な存在です。どんなプロジェクトにも一人ほしいところです。なぜなら、怖がりの方は危険察知能力が高いからです。計画が頓挫《とんざ》する原因を事前に気づける可能性が高いのです。

私たちの多くは保険に入りますが、恐怖が根底にあるからです。将来、病気で仕事ができなくなり、収入が途絶えるかもしれない、家族を残し死んでしまうかもしれない。そんな不安を覚えるからこそ、保険に入るのです。私たちの中にある怖がりの心性が「脅威に備えよ」「保険に入れ」と命じるのです。

営業・売買交渉――予算は顔に書いてある？

営業や商談において、売り手は、「先方の予算はいくらだろうか」「先方が提示した予算は本当だろうか」「購入量や支払時期などを条件に取引価格を変えることはできるだろうか」等々、考えると思います。

朗報があります。表情を正確に読む能力が高い売り手ほど、商品を高く売ることができる、ということが科学実験からわかっています。買い手の表情を観察することで、買い手の本音《ほんね》を推測することができるのです。それでは、実践してみましょう。

【問題――レベル１】

あなたは、食器を売る営業員です。新規開店するレストランのオーナーがお客さまです。

A

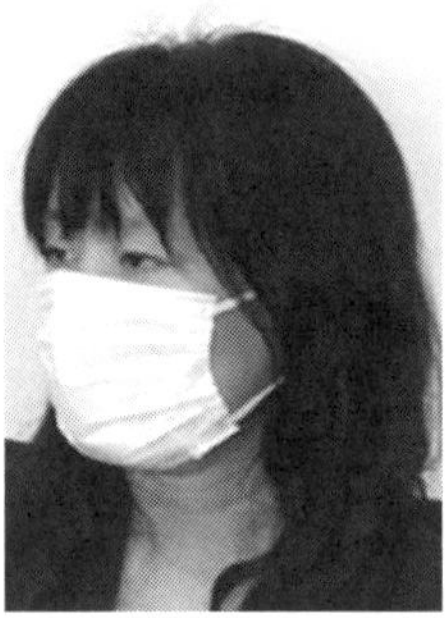

B

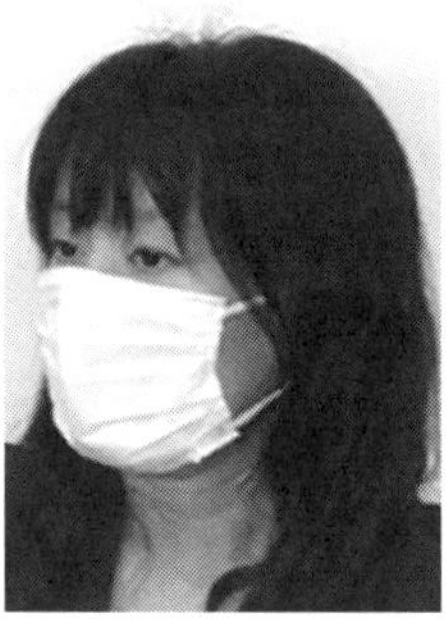

お客さまの用途・想いに応じた食器を勧め、単価が4000円であることを伝えました。するとお客さまは、「うちに卸してくれる価格が、4000円?」と言い、Aの真顔からBの表情へ一瞬だけ変化しました。微表情です。単価を上げる、下げる、あるいは、維持する、いずれを検討したほうがよいでしょうか?

【解説】

Bは、Aに比べ、上まぶたが引き上げられています。驚きか恐怖表情です。上まぶたが引き上げられる動きのみでは、どちらの表情か厳密には区別できません。ただし、下まぶたに力が込められていない(恐怖に関わる表情の動きではない)ことから、驚き表情の可能性のほうが高いのでは、と推測します。

驚きのニーズとして、身体に行動を促す機能およびコミュニケーションの機能の「視界を広め、情報を検索させる」「相手に情報を検索していること、あるいは、注目に値する情報があることを伝える」を想定します。

驚き感情は、ポジティブでもネガティブでもありません。これから、ポジティブ・ネガティブを判断する準備としての感情です。お客さまの感情を翻訳するならば、「価格が意外なので、その理由を知りたい」といったところでしょう。お客さまの感情を汲んだアプローチとしては、単価の理由を説明する、単価４０００円を維持した営業戦略が適当と考えられます。

交渉力と感情認識力の興味深い関係について、アメリカの行動学者ヒラリー・アンガー・エルフェンベインらがおこなった実験があります。実験参加者を売り手役、あるいは買い手役にランダムに分け、交渉エクササイズに参加してもらいます。

参加者に、自身の役に応じた指示書と利得表を渡し、交渉エクササイズ中、それらの内容を相手側に知らせないように求めます。参加者は、実験に参加する報酬としてエクササイズの成績に応じた賞金を得ることができます。

交渉エクササイズ後、参加者に感情認識力を計測するテストを受けてもらいます。テストは、ランダムに表示される42枚のアジア人表情写真を見て、怒り・恐怖・嫌悪・幸福・中立・悲しみ・驚きの選択肢の中から選択する形式のものです。表情が表す感情を適切に選択できれば、感情認識力が高いという評価をします。

実験の結果、どんなことがわかったでしょうか?

実験の結果、感情認識力の高い売り手役の実験参加者は、交渉相手と協力し、効率的に自身の価値を有意に高めることができる、ということがわかりました。一方、買い手役の感情認識力と交渉結果とにつながりは見出せませんでした。

この結果をエルフェンベインらは、買い手に比べ、売り手のほうが、交渉の主導権を持つことができた可能性がある、と考察しています。この考察は、私たちの直感と矛盾《むじゅん》しないと思います。

通常、商品・サービス情報を豊富に持っているのは売り手です。売り手は、買い手の感情の流れを読みながら、買い手にささる情報を選択的に出し入れし、交渉を成立させようとします。

こうしたことをどの程度意識的に実行しているかは個人差がありますが、多くの売り手は、買い手が求めることを調整しながら情報提供しているでしょう。

【問題――レベル２】

新規開店するレストランのオーナーに食器を売る営業の続きです。単価が決まり、購入数も決まりました。購入量から納期は１ヵ月先になると考えられ、その旨を伝えました。するとお客さまは、次の微表情をしました。この表情にどうアプローチしたらよいでしょうか？

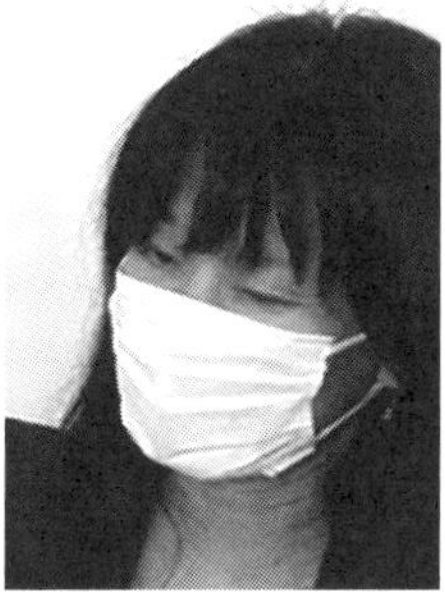

【解説】

目が横長に細められています。このことから嫌悪表情が推測できます。嫌悪のニーズとして、身体に行動を促す機能の「不快な人・モノ・言動を排除させる」を想定します。お客さまの感情を翻訳するならば、「納期が気に入らない」でしょう。

お客さまの感情を汲んだアプローチとしては、納期の理由を説明する、納期を早めるには追加費用がかかる可能性があることを伝える、が適当と考えられます。

ところで、「マスクをしていると表情が読めない」と思われるかもしれません。この認識は、半分正しく、半分間違っています。

たとえば、万国共通の7表情の中で軽蔑表情以外は、マスク着用時でも表情を読むことができます。鼻から上の表情、眉の動きや額《ひたい》に生じるしわ、まぶたの開閉の程度などから表情を読むことが可能です。

また、私たち日本人は、目元から表情を読むことを得意としています。絵文字を描いてみましょう。幸福を表すときは「^_^」、悲しみを表すときは「;_;」「>_<」を描くのではないでしょうか。一方、アメリカでは、幸福は「:-)」、悲しみは「:-(」です。

日本の絵文字は、目を根拠に表情変化を表現し、アメリカでは口を根拠にしているのです。実際、日本人は、アメリカ人と比べ、目が幸福、口が悲しみの合成表情写真を「幸福表情」と認識する傾向にあり、アメリカ人は、日本人と比べ、目が悲しみ、口が幸福の合成表情写真を「幸福表情」と認識する傾向にあることが、北海道大学の結城《ゆうき》雅樹《まさき》ら研究チームにより実証されています。

さらに、ノーザンバージニアコミュニティカレッジのカロリン・ハーレイらは、顔の下半

愛読者カード

ご購読ありがとうございました。今後の参考とさせていただきますので、ご協力をお願いいたします。また、新刊案内等をお送りさせていただくことがあります。

【1】本のタイトルをお書きください。

【2】この本を何でお知りになりましたか。

1.書店で実物を見て　2.新聞広告(　新聞)

3.書評で(　)　4.図書館・図書室で　5.人にすすめられて

6.インターネット　7.その他(　)

【3】お買い求めになった理由をお聞かせください。

1.タイトルにひかれて　2.テーマやジャンルに興味があるので

3.著者が好きだから　4.カバーデザインがよかったから

5.その他(　)

【4】お買い求めの店名を教えてください。

【5】本書についてのご意見、ご感想をお聞かせください。

●ご記入のご感想を、広告等、本のPRに使わせていただいてもよろしいですか。

□に✓をご記入ください。　□ 実名で可　□ 匿名で可　□ 不可

郵便はがき

切手をお貼りください。

102-0071

東京都千代田区富士見
一—二—十一
KAWADAフラッツ一階

さくら舎 行

住所	〒 都道府県		
フリガナ		年齢	歳
氏名		性別	男 女
TEL	( )		
E-Mail			

さくら舎ウェブサイト www.sakurasha.com

分に比べ、顔の上半分はコントロールが利《き》かず、本当の感情が表れやすいことを報告しています。

ウソにともなない生じる感情の中に、だます喜びと恐怖があります。だます喜びは、口角が引き上げられる表情として表れます。恐怖は、眉が引き上げられ、中央に寄せられ下げられる表情として表れます。

ウソをつく役割に割り振られた実験参加者に、これらの表情が顔に出ないように注意喚起します。しかし、口角が引き上げられる表情は抑えることができるものの、眉の動きは抑えることが難しいことがわかりました。

マスクをしていると確かに表情を読みとることが難しくなります。しかし、注目すべきポイントを観察すれば、思いのほかさまざまな表情を読むことができます。また、コントロールできない表情が額に浮かび上がり、本音を察することもできるのです。

接客・接遇――笑顔以外にも効果の高い表情

さまざまな接客・接遇マニュアルや関連書籍を目にする機会があります。「笑顔の接客を心がけましょう」「お客さまの表情をよく見ましょう」「適切な表情で接客しましょう」と書いてあります。

読んでみると、笑顔のつくり方や有用性について説明がなされています。しかし、笑顔以外の表情の表現方法や、お客さまの表情について詳述されているものは、ほぼ皆無です。

そこで、本問では、さまざまな表情の伝え方およびお客さまの表情に沿ったアプローチ法について説明したいと思います。なお、本問で登場する表情は、第2章同様ポーズされた表情です。

【問題――レベル1】

接客係として、A～Dの言葉をお客さまに伝えるとき、それぞれどんな表情で伝えるのが適切だと思いますか？　最も適切だと思うアルファベットと①～④の数字の組み合わせを考えてみてください。

A それは素晴らしいことです。

B それは残念なことです。

Ｃそれは大変です。

Ｄそれは心配ですね。

①

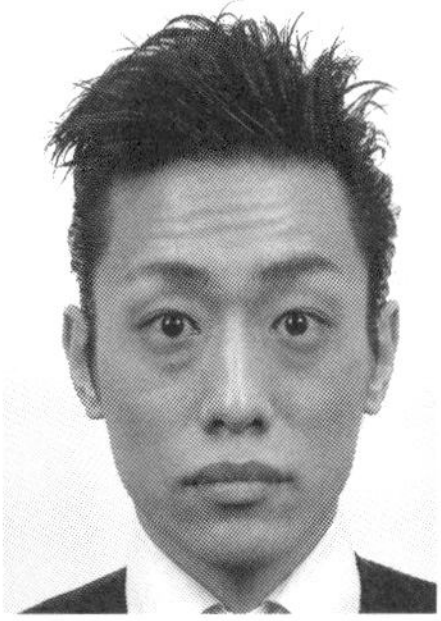

②

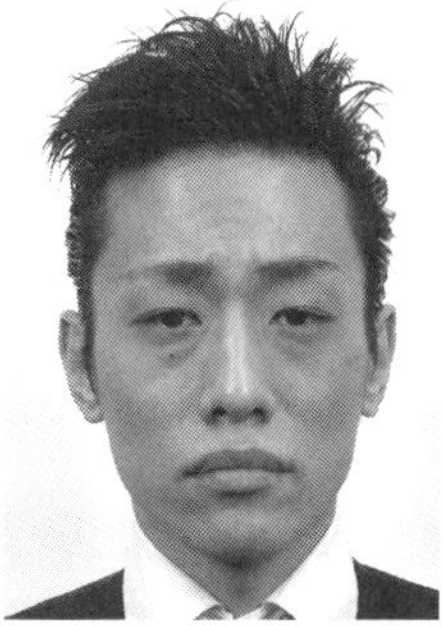

③

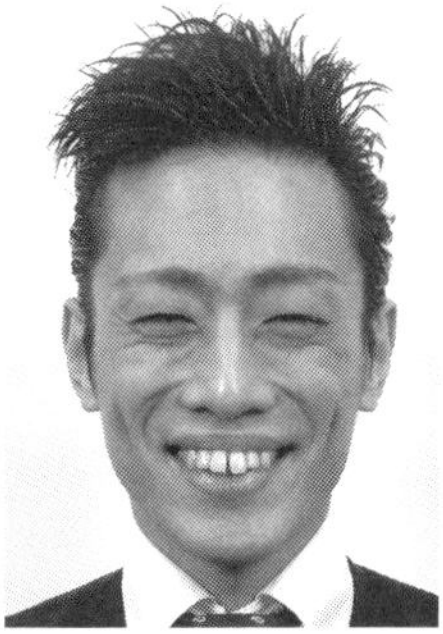

④

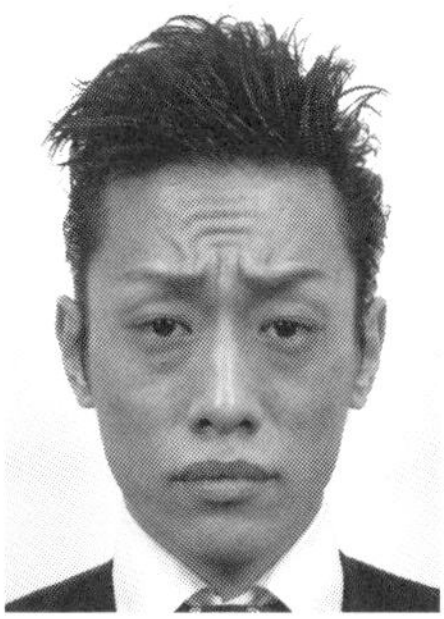

〔解説〕

Aの「素晴らしい」は、ポジティブを意味する感情語です。この言葉に最も合う表情は、③の幸福表情です。口角と頬が引き上げられています。

Bの「残念」は、悲しみを意味する感情語です。この言葉に最も合う表情は、②の悲しみ表情です。眉の内側が引き上げられています。

Cの「大変」は、驚きを意味する感情語です。この言葉に最も合う表情は、①の驚き表情です。眉が引き上げられています。

Dの「心配」は、恐怖を意味する感情語です。④の恐怖表情です。眉が引き上げられ、中央に引き寄せられ下げられています。

これらの組み合わせが最も適当だと言える理由は、言葉と表情の意味が一致しているからです。両者が一致していないと、表情の意味に引っ張られ、正しくメッセージが伝わらない可能性が高まります。

メラビアンの法則という言葉を聞いたことがありますか。言葉、声（調子・口調）、ボディーランゲージ（表情・身体動作）の各伝達チャンネルが一致していないとき、言葉から

7%、声から38%、ボディーランゲージから55%の影響を受け、メッセージの伝わり方において、相対的にボディーランゲージの影響が強くなる、というものです。

言葉では「素晴らしい」と言いながら、悲しみ表情をしていたらいかがでしょうか。「あれ？　素晴らしいと思っていないのかな」と思われるかと思います。

一方、言葉では「残念」と言いながら、幸福表情をしていたらいかがでしょうか。「本当は、嬉しいのかな」と思われるかと思います。

メッセージを正しく伝えるには、言葉と表情を一致させる必要があるのです。

ここで、言葉と表情を一致させるポイント5です。

＊ポイント1：顔面筋を日々動かす

顔面筋《がんめんきん》は筋肉です。動かすほど柔らかくなり、いざメッセージを伝えようとするとき、動きます。朝起きたとき、洗顔し、鏡の前や、ふとした隙に、顔面筋を動かしてみてください。

眉や口角の上げ下げだけでも効果的ですが、本書第2章を頼りにさまざまな表情を自在につくれるようになるとベストです。

＊ポイント2：感情語を理解する

感情語について理解が必要です。たとえば、心配、不安や警戒を意味する言葉が、恐怖に代表されることを理解していなければ、「心配ですね」という言葉に恐怖表情は出てきません。

感情語についての理解は、特に意図的に表情をつくる場合、重要です。本書第2章を頼りに感情語について理解を深めましょう。

＊ポイント3：感情語の強さと表情の強さを一致させる

伝えたい感情語の強さに応じて、顔面筋の強さも調節します。単に「素晴らしい」という言葉を発するときに比べ、「本当に素晴らしい」と発するとき、より強い幸福表情を表現する、ということです。

＊ポイント4：驚き表情は何にでも使える

解説では、Cの「大変」と①の驚き表情の組み合わせを正解としましたが、じつは、驚き表情は、どんな言葉に対しても使えます。驚きは、中立的な感情です。

私たちは、何らかの刺激を受けた後、驚きを抱きます。その後、その刺激が自分にとってポジティブなら幸福感情を抱き、ネガティブなら各ネガティブ感情を抱きます。驚き表情で「素晴らしい」と言えば、驚くくらい素晴らしいという意味になり、驚き表情で「不安です」と言えば、驚くくらい不安だという意味になります。もちろん具体的な表情で伝えるのがベストですが、どんな表情で伝えるのが適当か迷う場合、驚き表情ですべての想いを代弁させることができるのです。

また、驚きを意味する言葉は、どんな表情も受け入れることがわかります。「それは驚きました」「それは大変です」「そうなのですね！」と幸福表情で言えば、驚くくらい素晴らしいという意味になり、恐怖表情で言えば、驚くくらい不安だという意味になります。

＊ポイント５：感情語以外の言葉を表情に乗せるには、メッセージに込める想いが核となる

言うまでもなく、言葉には、感情語以外に無数の単語・フレーズが存在します。「こちらにございます商品のラインナップは、３種類です」と幸福表情で言うとき、このメッセージがポジティブであることを意味します。悲しみ表情で言えば、「残念ながら、３種類しかないのです」という意味になります。

無色透明な言葉の意味を表情で意味づけることができるのです。

最後に、無表情が関わるエピソードを紹介したいと思います。

私が某ホテルに宿泊したときの話です。某宿泊サイトから予約。部屋のラインナップは、「おまかせ」「シングル—禁煙」「ダブル—禁煙」でした。喫煙の表記が見当たらず、「このホテルは、禁煙部屋しかないのだな」と思ったタバコが苦手な私。「おまかせ」のほうが「シングル—禁煙」より宿泊費が３０００円ほど安く、「おまかせ」を選択し、一応、ホテルへのリクエストとして「禁煙部屋を希望します」とメールしました。

ホテルに到着し、チェックイン。係の方が、「おまかせプランで素泊まりですね」「シングルのお部屋をご用意させていただきました」と手続きを進めてくれます。手元の端末を操作しながら、宿泊部屋のカードキーを準備しています。ここで不安になる私。

あれ？　いつまで経っても、禁煙ルームとは言わないぞ？

そこで係の方に尋《たず》ねます。

「あの～禁煙ルームを希望したのですが、部屋は禁煙ですか？」

「今回は禁煙のお部屋をご用意させていただきましたが、禁煙をご希望の場合は、おまかせプランではなく、禁煙ルームをご予約ください」と返答されました。

このときの係の方の表情が無表情だったのです。

無表情なので、係の方の感情はわからなかったのですが、私は何だか注意された感じを抱き、悲しくなってしまいました。悲しみ表情で、申しわけなさそうに（割高という理由で）、「シングル―禁煙」を勧めてほしかったなというのが本音です。

無表情だと、その人の顔の印象がそのまま伝わります。ある人は温和な印象を伝え、また、ある人は冷たい印象を伝えてしまうことがあります。大抵の場合は、よい印象にはなりません。ですので、無表情で損することは多々あります。

先の体験は、私が本書を執筆しているタイミングでの出来事でした。どんな表情で言葉を届けるのがいいのか、自戒を込めて改めて考えさせられました。

【問題――レベル２】

接客係として勤務中。一人のお客さまが、「あの、ちょっとよろしいでしょうか」と尋ねて来られました。このとき、お客さまはＡ～Ｄの表情をしているとします。「はい、どうされましたか」と対応するあなたの表情は、①～④の中でどれが適切だと思いますか？　最も適切だと思うアルファベットと①～④の数字の組み合わせを考えてみてください。

A「あの、ちょっとよろしいでしょうか」と幸福表情のお客さま
B「あの、ちょっとよろしいでしょうか」と恐怖表情のお客さま
C「あの、ちょっとよろしいでしょうか」と驚き表情のお客さま
D「あの、ちょっとよろしいでしょうか」と一見、幸福表情だけど、よく見ると怒り表情のお客さま

①

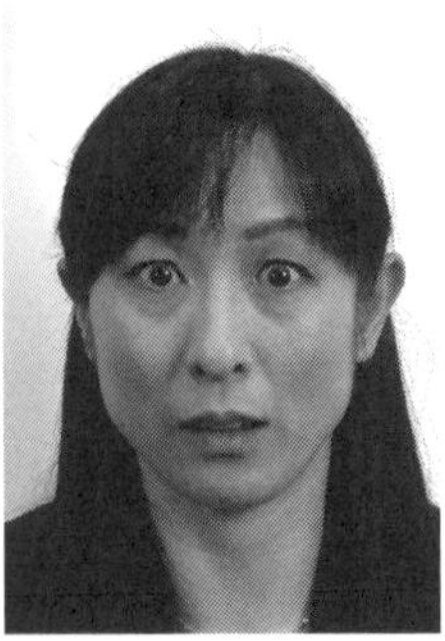

②

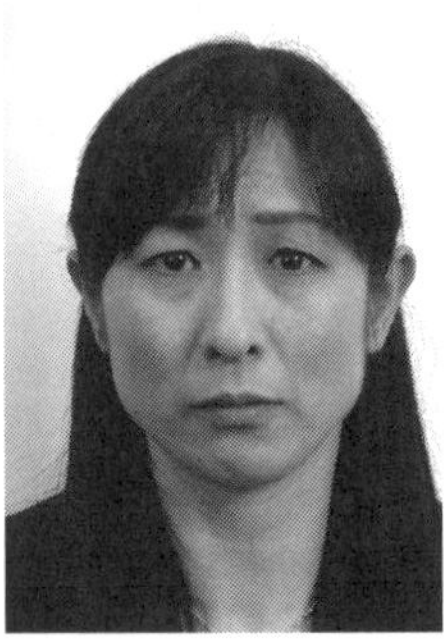

③

④

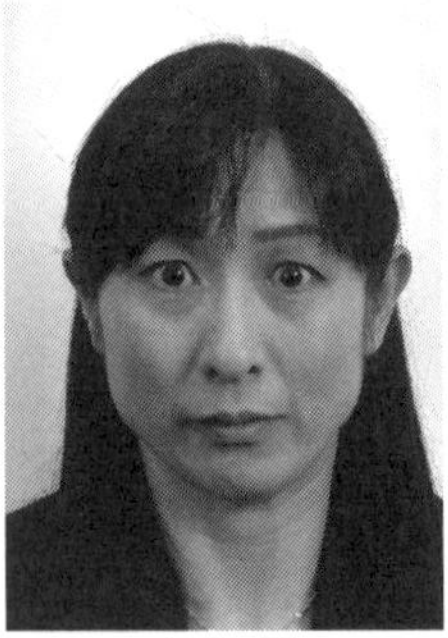

〔解説〕

Aの幸福表情に最も合う表情は、③の幸福表情です。口角と頬が引き上げられています。

Bの恐怖表情に最も合う表情は、③の幸福表情です。

Cの驚き表情に最も合う表情は、③の幸福表情です。

Dの怒り表情に最も合う表情は、④の恐怖表情です。眉が引き上げられ、中央に寄りながら下げられています。

なお、①は驚き表情です。眉が引き上げられ、口が開かれています。一見すると、④の恐怖と同じようですが、似て非なる表情です。②は悲しみ表情です。眉の内側が引き上げられ、口角は引き下げられ、下唇は引き上げられています。

表情には対応性があります。据《す》わりがよい表情があるのです。表情と表情の相性です。この相性の組み合わせは、共感か受容のどちらかです。

共感は、相手と同じ感情を共有する状態です。したがって、**共感を伝えたいときは、相手と同じ表情で返す**のが適切なアプローチとなります。相手の鏡になるイメージです。

一方、受容は、相手に共感・同意するわけではないものの、あなたのメッセージを受けとっています、という状態です。驚き表情、あるいは対応表情で返すのが適切なアプローチとなります。相手の感情を器で受け止めるイメージです。

共感は直感的に理解しやすいと思います。大切な人を失い、悲しみに暮れている友人を前に、悲しみ表情を向けて慰める。子どもとテーマパークに行き、笑顔で楽しむ子どもに笑顔を向ける。取引先から理《り》不《ふ》尽《じん》な要求をされた同僚の怒りに対し、怒り表情になり一緒に憤慨《ふんがい》する。こうした相手の表情と自身の表情の関係です。

相手の感情の原因がどこにあるかわからないときや、同じ感情状態になれるかどうかはわからないものの、目下、「感情を受け止めていますよ」「あなたの感情に心を配っていますよ」ということを示すためには、受容が大切になります。

相手に受容を伝えるには、驚き表情が基本です。驚き表情のコミュニケーションの機能は、「相手に情報を検索していること」「注目に値する情報があることを伝える」だからです。

応用として、対応表情があります。目の前に怒っている人がいれば、通常、私たちは怖いと感じます。ですので、相手の怒りは、恐怖表情で受け止めるのが適切です。相手は、自分の怒りが受け止められている、伝わっていると感じるでしょう。これが本問におけるDと④の関係です。

クレームを言いに来られたお客さまに笑顔で対応してしまい、お客さまの怒りに油を注ぐ。こんなケースが多々あります。これは、お客さまの怒りの微表情、あるいは、愛想笑いに隠された怒り表情に気づけない、あるいは、接客＝幸福表情という図式が固定化されていることが原因だと思われます。

その他の対応表情や、さまざまな場面における表情のつくり方について、さらに理解を深めたい方は、拙著『ビジネスに効く　表情のつくり方』（イースト・プレス）を参照してください。

採用——ウソは見抜けないものと心得る

ときに面接官は採用面接の場で短い時間で相手を評価する必要があります。書類上から入社希望者の背景情報を得ていたとしても、実際に相対するのははじめて、そんなこともあるでしょう。

こうしたなか、希望者の口から発せられた言語情報（言葉）を客観的に評価する科学的技法がさまざまに開発・運用されています。大いに活用されればいいと思います。

一方、人と人のコミュニケーションの根底にあるものは感情です。希望者の感情を表情から注意深く把握することで、希望者の言語情報の重みや言外の意味に気づくことができます。

【問題――レベル1】

あなたは新卒採用の面接官として、入社希望の学生さんを面接中です。学生時代にチームでおこなった活動について質問しました。すると、学内の留学生らと文化交流するイベントに参加したときのことを話してくれました。

留学生がチームリーダーとなり、日本人に自国文化を教える。そして、イベントの日にその成果を披露する、とのことです。この学生さんのチームは、18人。留学生から伝統的なダンスを習っていたときのこと。練習期間中、練習を欠席するメンバーが時々おり、誰に何が伝わっているか把握できておらず、フリや掛け声のタイミングが伝わっていないことが本番直前でわかり、合わせるのに大慌《おおあわ》て。この体験から、「集団行動において情報が行き届いているか適宜《てきぎ》チェックすることが大切だと実感しました」と話してくれました。

こうした話をしながら、学生さんは、終始、視線を下に落とし、熟考しながら、①、あるいは②の微表情を「時折」表していました。それぞれの表情にどうアプローチしたらよいでしょうか？

①

②

〔解説〕

①は、口角が水平に引かれています。恐怖表情です。微表情であることから、恐怖を抑制しようとしている心理が窺《うかが》えます。恐怖のニーズとして、身体に行動を促す機能の「脅威を回避したい」を想定します。明らかな刺激や質問、特定の言葉に対する反応に微表情が生じれば、抑制された感情の原因を特定しやすくなります。

しかし、本問の場合、話の流れの中に「時折」恐怖微表情が表れています。ゆえに、恐怖の原因が特定できません。恐怖はどこに紐《ひも》づいているのでしょうか。

ウソをついていて、恐怖を抱いているのかもしれません。

本番直前で焦《あせ》ったときのことを思い出し、「あのときは危なかった～」としみじみ恐怖を噛みしめているのかもしれません。

面接という場で、ただ単に緊張しているだけなのかもしれません。

恐怖の原因がわからなければ、「脅威を回避したい」を満たす具体的なアプローチをとることができません。ですので、解決策は、「恐怖の原因がわかるまで会話を続ける」です。

もう少し具体的な観点からのアドバイスとしては、「そのとき学生さんが実際にとった行動やとるべきと感じた行動を聞く」、というのがオススメです。感情と行動には密接なつながりがあるため、そのときの思い出が恐怖ならば、「脅威を回避したい」を満たす行動を回答すると考えられます。

「フリや掛け声のタイミングが伝わっていないことが本番直前でわかり、合わせるのに大慌て」の場面で、この学生さんが具体的にどんな脅威回避につながる行動をとったのかを質問する。

あるいは、「この体験から、集団行動において情報が行き届いているか適宜チェックすることが大切だと実感したと話してくれました」とありますが、どうすればもっと適切に脅威回避できたかについて具体策を質問するのもよいでしょう。

話に深みが得られない、あるいは、何の具体策も出てこない、このような場合、ウソをついている、面接に緊張して何も話せなくなってしまっていることが推測されます。

面接官という仕事柄、ときにウソの可能性に敏感になり、ウソを見抜きたいという衝動に駆られることもあるでしょう。しかし、ウソの手がかりに関する正確な知識を習得し、専門的なトレーニングを積まない限り、ウソ検知をしようとすることはオススメしません。

それは、私たちのウソ検知率が54％程度だからです（偶然にウソを検知できる確率が50％のときの数字です。ですので、54％というのは、ほとんどチャンスレベルです）。この精度は、仕事柄多くのウソに接している警察官も同じです。経験則だけでウソ検知のスキルを向上させるのは難しいのです。

一方、②の微表情の場合、どんなアプローチをしたらよいでしょうか。口角が引き上げられており、一見、幸福表情です。しかし、よく見ると上唇が引き上げられています。嫌悪表情です（舌が出されている様子もわかります。これは、「吐き出す」機能に関連しており、典型的な嫌悪表情ではありませんが、嫌悪表情の一つと考えられています）。嫌悪微表情を幸福表情で隠蔽していると考えることができます。

嫌悪のニーズとして、身体に行動を促す機能の「不快な人・モノ・言動を排除させる」を想定します。①の恐怖同様、話の流れの中に「時折」嫌悪微表情が表れているため、嫌悪を引き起こしている刺激がわからず、嫌悪の原因が特定できません。

ウソをついていることに自己嫌悪を抱いているのかもしれません。

本番直前で焦り、しくじってしまった思い出に、「あのとき何もできなかった」と悔しがっているのかもしれません。

面接で適切な言葉が出てこない、上手に話せない自分に嫌悪をしている、そんな可能性もあります。

アプローチは、①に同じ。嫌悪の原因がわかるまで会話を続ける、です。具体的アドバイスも同じです。そのとき学生さんが実際にとった行動やとるべきと感じた行動を聞いてみましょう。そのときの思い出が嫌悪ならば、「不快なモノを取り除きたい」を満たす行動を回答すると考えられます。そのときの思い出が不快であるほど、将来同じ不快を抱かないように具体策が思い浮かんでいるはずです（そうでなければ、将来、同じ失敗をするでしょう）。


本問は、恐怖・嫌悪問わず、たまたま同じアプローチ法となりました。しかし、恐怖は、嫌悪に比べ、抱く人間の危機感の程度が異なります。嫌悪よりも恐怖のほうが、危機迫った感情です。したがって、失敗に対し、恐怖を抱く人間のほうが、将来失敗しないための予防策を豊富に思いつくと予想されます。

【問題――レベル２】

社外から優秀なコンサルタントを雇おうと考えています。契約条件は、Ａ：コンサルタント料金、Ｂ：拘束労働時間、Ｃ：出張にかかる交通費等の条件、Ｄ：コンサルタントにつけるアシスタントの有無、Ｅ：プロジェクトにかかる予算の裁量幅、の５つです。

①～⑤の表情は、各契約条件について、具体的な数字や案を提案されたときの表情です（１４８ページ）。Ａの条件で①、Ｂの条件で②、Ｃの条件で③、Ｄの条件で④、Ｅの条件で⑤の表情を表した、という意味です。

交渉中、Ｃの出張にかかる交通費等の条件において、③の表情を生じさせ、コンサルタントはこちらの提示条件に同意しました。その他、①②④⑤については、同意も不同意も示していません。目下、こうした状況です。

このコンサルタントが重視している条件は何だと思われますか。各表情を頼りに推測してください。一つとは限りません。なお、コンサルタントが、下を向いていたり、頭が傾いていたりするのは、契約に関わる書類を見ているためであり、感情とは関係ありません。

①

②

③

④

⑤

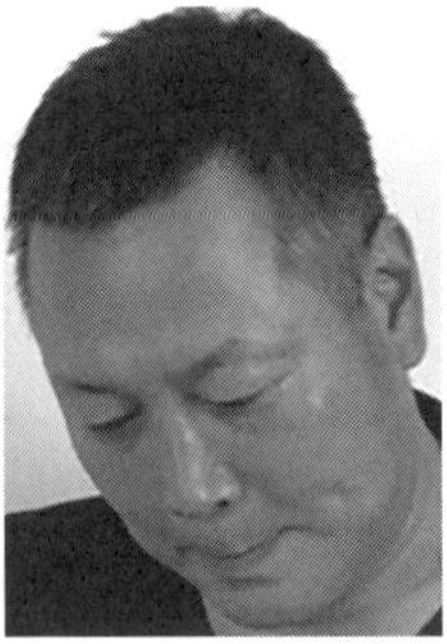

〔解説〕

①～⑤すべてにおいて、口角が引き上げられています。幸福表情です。しかし、①と⑤の表情に注目してください。口角が引き上げられる動きに加え、①は下唇が噛まれており、⑤は上唇が噛まれています。マニピュレーターです。感情が不安定になり、それを安定化、元に戻そうと試みていることがわかります。

幸福感情でテンションが上昇するのを抑えようとしているのか。あるいは、ネガティブな感情で気持ちが落ちていってしまうのを通常状態に戻そうとしているのか。これはわかりません。

①も⑤も幸福表情であることから、すべての条件に満足している、と考えることは可能ですが、コミュニケーションをする相手に敵意がないことを示すため、単に笑顔をキープしているだけとも考えられます。

ここで異なる観点から考えます。③の条件に同意しているという情報に注目します。同意しているとき、このコンサルタントの表情は、口角が引き上げられる表情、つまり、幸福表情をしています。

そこで、幸福表情＝同意なのではないかと推測します。③と②④は同じ表情ですので、同意している状態だと推測します。一方、この表情から乖離《かいり》している、単なる幸福表情ではない①および⑤は、ストレートに同意が得られる条件ではなく、コンサルタントが相対的に重視している条件だと推測できます。

①および⑤について、「全然満足できない」「もっと話し合いが必要だ」、こう考えているのかもしれません。あるいは、ある程度は満足しているものの、「さらなるよい条件を引き出したい」。こう考えているのかもしれません（頬が引き上げられ、カラスの足跡があれば、満足している可能性が高いです）。

マニピュレーターは、感情の安定化を示すのみですので、具体的な表情・微表情に比べると解釈が難しくなります。ただ、わかりやすく表情に生じるため、見つけやすいのが長所です。

公共空間——憎悪を内に秘めた人の表情

バスや電車などの公共交通機関を利用するときや人とすれ違うとき、「なんとなくこの人危なそう」そんな気がして距離を置く。この「なんとなく危なそう」の「なんとなく」を明確にすることができれば、自分だけでなく、自分の大切な人を守ることができます。

じつは、暴力行為をおこなおうとしている人の表情が研究知見から明らかとなっています。どんな表情でしょうか。本問を通じて、危機回避能力を高めましょう。なお、本問で登場する表情はポーズされた表情です。

【問題――レベル１】

都会の雑踏、政治家や著名人の出待ち、スポーツやコンサート会場。こうした場に次の表情を一瞬だけ生じさせた人がいます（１５２ページ）。どの表情が、これから暴力行為をしようと企《くわだ》てている危険な表情だと思いますか。一つとは限りません。

【解説】

①は、眉が中央に寄りながら引き下げられ、上まぶたが引き上げられ、下まぶたに力が入れられ、唇が上下からプレスされているのがわかります。これは怒り表情です。これらの動きに加え、口角が引き下げられ、下唇が引き上げられています。これは感情抑制か、熟考（認知負担）表情です。唇が上下からプレスされている動きは、怒り、感情抑制、熟考（認知

①

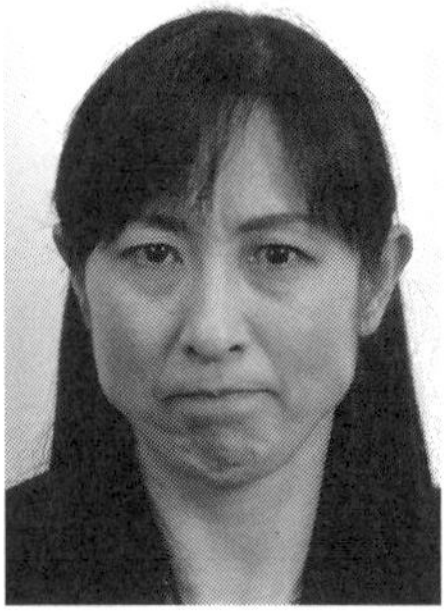

②

③

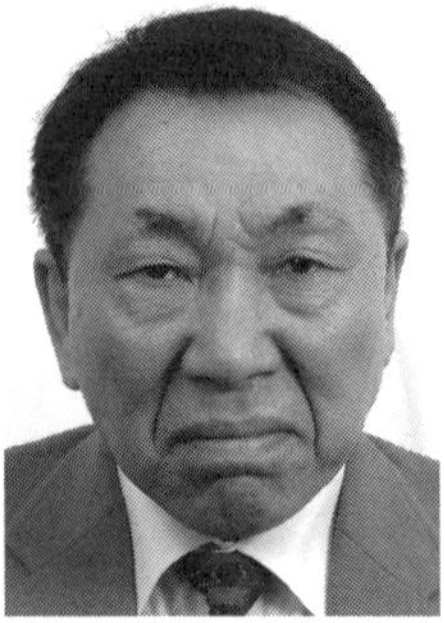

④

負担）に共通する表情です。

②は、①と同じ表情をしています。

③は、眉が中央に寄りながら引き下げられ、鼻のまわりにしわが寄せられています。これは嫌悪表情です。眉の動きから怒りも、ややあるかもしれません。これらの動きに加え、口角が引き下げられ、下唇が引き上げられています。これは感情抑制か、熟考（認知負担）表情です。

④は、眉が中央に寄りながら引き下げられています。怒り表情か熟考表情です。

①～④のどれが危険な表情なのでしょうか。危険な表情とは、危険表情と呼ばれ、殺人・暗殺・テロ・暴力行為をおこなう意図のある表情のことを言います。防犯カメラに記録されている暴力行為をした人物の表情データと暴力行為を体験した警察官や犯罪被害者の目撃証言から推定されました。この表情が表れた数秒後以降に暴力行為がおこなわれる可能性が高いと考えられています。

目下、サンフランシスコ州立大学の心理学者デイビッド・マツモトらによる研究から、２種類の危険表情が特定されています。

一つは、「攻撃を目論《もくろ》んでいる顔」と呼ばれています。表情の特徴は、「眉が中央に寄りながら引き下げられる＋上まぶたが引き上げられる＋下まぶたに力が入れられる＋唇が上下からプレスされる＋口角が引き下げられる＋下唇が引き上げられる」です。

この特徴に当てはまるのは、①および②の表情です。①および②が危険表情です。

口まわりの表情が何を意味しているか明確にわかってはいませんが、おそらく、「怒りを押し殺した表情」だと考えられます。暴力意図のある人物は、強い怒り、憎悪《ぞうお》を煮えたぎらせています。しかし、それが表情として生じてしまうと、暴力を実行する前に周囲に危険を察知されてしまい、目標を達成することができません。したがって、怒りを押し殺そうとするのだと考えられます。しかし、その抑制しきれない感情が、微表情として表れたり、ときに数秒間にわたって表情に表れたりするのです。

この表情が表れている人は、

- 誰かを攻撃する計画を練っている
- 攻撃のタイミングを見計らっている
- 攻撃目標が現れるのを待っている
- 攻撃目標が気を抜くのを待っている

こうした意図を持っていると考えられています。具体的には、暴力を振るう直前の人物や爆弾を仕掛けようとしていたテロリストの顔、重火器を持って学校を襲撃する数時間前の犯人の顔などにこの表情が表れていることを、私自身、観察しています。

もう一つは、「理性を失った顔」と呼ばれています。表情の特徴は、「眉が中央に寄りながら引き下げられる＋上まぶたが引き上げられる＋下まぶたに力が入れられる＋口が開かれる＋あごに力が入れられる」です。「攻撃を目論んでいる顔」と比べ、全体的に表情の動きの強さが増し、歯がむき出しになります。顔の色も赤くなります。

次の表情です。

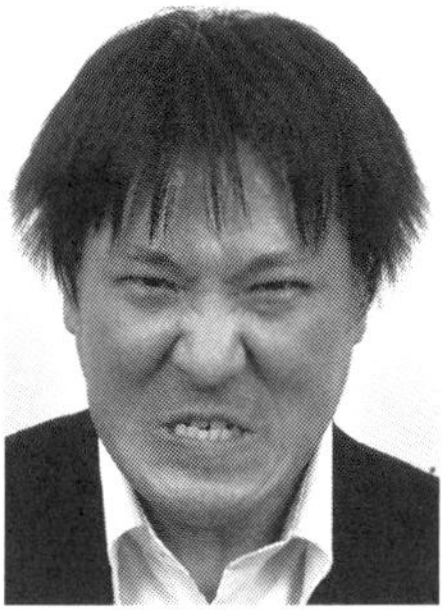

この表情が表れている人は、

- 理性を失った瞬間
- 攻撃を仕掛ける瞬間

こうした意図を持っていると考えられています。

「理性を失った顔」は「攻撃を目論んでいる顔」とは異なり、微表情というよりは、顔全面にわかりやすく表れるでしょう。「攻撃を目論んでいる顔」を見つけることができれば、未然にその計画を防ぐ可能性を高められます。「理性を失った顔」に気づくことができれば、防御態勢を取ったり、逃げたりすることができ、被害を最小限に抑えられる可能性を高められます。

それでは、もう1問、トライしてみましょう。

【問題――レベル2】

都会の雑踏、政治家や著名人の出待ち、スポーツやコンサート会場。こうした場に次の表情を一瞬だけ生じさせた人がいます。どの表情が、これから暴力行為をしようと企てている危険な表情だと思いますか。一つとは限りません。

①

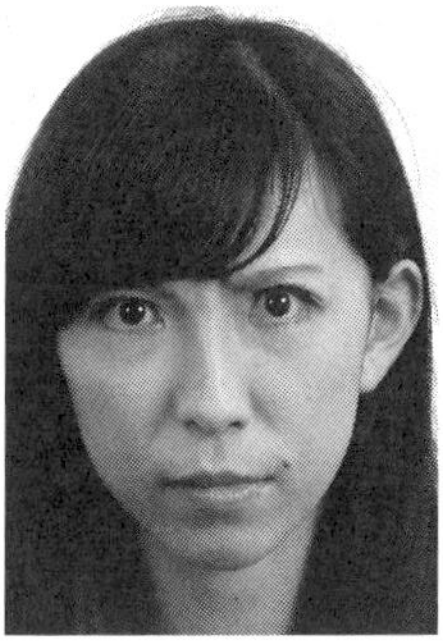

②

③

④

〔解説〕

①は、眉が中央に寄りながら引き下げられ、上まぶたが引き上げられ、下まぶたに力が入れられています。怒り表情です。

②は、左側の口角が引き上げられています。軽蔑表情です。

③は、上唇が引き上げられ、口が開かれています。これは嫌悪表情です。また、左側の口角が引き上げられています。これは軽蔑表情です。嫌悪と軽蔑の混合表情です。

④は、眉が中央に寄りながら引き下げられ、上まぶたが引き上げられ、下まぶたに力が入れられ、唇が上下からプレスされ、口角が引き下げられ、下唇が引き上げられています。これは危険表情、攻撃を目論んでいる顔です。

2つの問題を通じて、危険表情について見てきました。注意したいことは、怒り表情の中でも、「攻撃を目論んでいる顔」「理性を失った顔」が相対的に危険度の高い表情であるということです。

その他の怒り表情が安全というわけではありません。怒りのニーズは、「障害を破壊したい」です。したがって、怒り表情に危険表情のようなバリエーションがあるにしても、怒り感情が表情に強く生じていたら、攻撃を加えてくる可能性があるということです。

危険度の高い「攻撃を目論んでいる顔」「理性を失った顔」に特に注意しつつも、さまざまな可能性に考慮し、各人で危機回避能力を磨《みが》いていただければと思います。

コラム どこまで本当に見抜いている？ テレビ出演時の微表情検知のリアル

「テレビに出演し、ウソを見抜くところを実演してほしい。ウソがどんなふうに表れるのか撮りたい。人がウソをついている瞬間を解説してほしい」

ということで、テレビ出演をしたり、番組づくりに携《たずさ》わったりすることが時々、あります。テレビにおけるウソや微表情検知のリアルとはどのようなものでしょうか。2022年2月にTBS系列で放送された「マネーハンター」という番組で、私がウソ検知を実演したときのお話をしたいと思います。

ルールは、単純。賞金となるマネーを隠す側とマネーを探す側に分かれます。マネーを隠す側は、広大な敷地面積を誇る家具店のどこかにマネーを隠します。マネーを探す側は、マネーを隠す側の人間を取り調べし、そこから得られた情報をもとに家具店を探します。

マネーを見つけることができれば、マネーを探す側の勝ち。見つけ出したマネーが賞金です。マネーを見つけることができなければ、マネーを隠す側の勝ち。隠し通したマネーが賞金です。マネーを隠す、取り調べする、マネーを探す、それぞれ制限時間が設けられています。

私の役目は、取り調べ時の微表情からマネーの隠し場所を推測すること。しかし、一筋縄《ひとすじなわ》では行きません。

私たちの感情は、さまざまな理由で揺れ動き、それに連動する形で表情・微表情が表れます。何の気なしに会話した結果、微表情が表れたとしても、微表情の原因はわかりません。感情を抑制する理由は複数あり得るのです。

たとえば、何もしていない人に「ウソをついていますね」と問えば、嫌な気持ちになり、嫌悪（微）表情が生じ得ます。ウソをついている人に「ウソをついていますね」と問えば、その質問に答えたくなく、同じく嫌悪（微）表情が生じ得ます。

そこで、微表情の原因を絞るための工夫が必要になります。マネーを隠す側で出演されていた日向坂《ひなたざか》46富田鈴花《とみたすずか》さんの取り調べ場面を例に、説明したいと思います。

番組のルール上、取り調べ時間は10分です。リアルな世界では、特別な面接法や質問法を駆使し、数時間～数日間にわたり真相に近づいていくのですが、今回のルールでは、たったの10分です。最初このルールを聞いたとき、「無謀《むぼう》」と思いましたが、難しい条件ほどチャレンジャー精神が湧いてくる性分です。そこで限られた時間の中でできる最善の方法を考えました。

ゲームの条件や富田さんの心理を勘案《かんあん》し、戦略を立てます。私の思考は次の通りです。

マネーを隠す場所がＡＢＣＤＥＦＧＨとエリアごとに分かれている。

自身のマネーを隠した場所を富田さんは知っている。

富田さんは、マネーを賞金として持ち帰りたいと強く思っているだろう。

ゆえに、マネーを隠しきりたいモチベーション（動機）は高いだろう。

そうであるならば、富田さんは、マネーを隠さなかったエリアに比べ、隠したエリアに対して、異なる反応や動揺をするだろう。

その反応や動揺が微表情やその他言動として表れるだろう。

というものです。この方法を専門的には個人内比較法と言います。

「隠したのはＡですか？」「Ｂですか？」とエリアごとに質問します。

富田さんは各質問に対し、

Ａで、下唇を引き上げ、唇を尖らす
Ｂで、何もなし
Ｃで、口角を引き上げる
Ｄで、Ｃ同様
Ｅで、Ｃ同様
Ｆで、Ｃ同様
Ｇで、Ｃ同様
Ｈで、下唇を引き上げ、口角を引き下げる

という表情を表しました。口まわりに力を込める表情は、感情を抑制したり、熟考したりするときに表れます。口角を引き上げる表情は、幸福、いわゆる、笑顔です。ウソの文脈では、だます喜びという現象が知られています。

そこで、反応の異なるＡエリアか、反応が変わりはじめたＣエリアを優先的に捜索するべきと考えました。結果としては、富田さんはＡエリアとＨエリアにマネーを隠していました。Ｃエリアには、探す側を錯乱させるためのダミーのマネーがありました。

解釈が難しかったのがHです。Hは最後の質問です。「Hですか?」のときの表情も、A同様、感情抑制か熟考なのですが、最後の反応なので、Hに対する反応なのか、質問されていること全体に動揺が及んでいるのか、判然としません。そこでA~Hの順番を変え、何度か質問し検討を重ねたいところでしたが、タイムアウト。

これが、テレビにおけるウソや微表情検知のリアルです。往々にしてテレビ番組におけるウソ、たとえばババ抜きや人狼《じんろう》ゲーム、賞金がない(あるいは少額の)ゲームにおけるウソなどは、本当の事件や犯罪のように強い感情がともないません。強い感情がともなわないということは、抑制される感情もないわけで、微表情が表れることもないわけです。そこで、モチベーションや設定を工夫することになります。

「マネーハンター」では、賞金が10万円。10万円得るか失うかがかかっているウソなら、モチベーションが上がり、ウソに強い感情がともなうと予想。また、マネーを隠す場所を区画するよう制作側にお願いしました。これは個人内比較法を使えるようにするためです。

こうした工夫を経て、番組内でリアルに見抜いていました。しかし、いろいろ工夫してもやはり、本当の事件や犯罪と同じようにはなりませんので、タレントさんの顔に表れる微表情はかなり微細です。微細な、微細な、微表情なのです。番組出演するたびに結構、汗をかきながら、神経を研《と》ぎ澄ませて、私は微表情を見抜いています。

第4章

日本人特有の表情を知る

エクマン理論は日本人には当てはまらない？

ここまで、万国共通の表情を中心に説明してきました。本章では、本書で説明してきたさまざまな知見に、日本人特有の事情を勘案《かんあん》し、日本人の感情と表情について考えます。

「日本人の表情は、表情の万国共通性を提唱するエクマン理論に従わない」という趣旨の研究報告が、２０１９年に京都大学こころの未来研究センターの佐藤弥《さとうわたる》ら研究チームから発表され、表情に関心のある人々の中でちょっとしたざわめきが起こりました。どんな研究だったのでしょうか。

佐藤らは、幸福・驚き・怒り・嫌悪《けんお》・恐怖・悲しみの６感情を喚起《かんき》させる目的として、次のようなシナリオを用意し、日本人実験参加者に提示します。

「台所にあるごみ箱が臭います。あなたは嫌悪を感じ、吐き気をもよおしています」
「あなたの親友が別の街に引っ越します。あなたは悲しい気持ちです」

こうしたシナリオを読んだ日本人実験参加者の表情を計測します。

実験の結果、幸福と驚き表情を除く、怒り・嫌悪・恐怖・悲しみ表情について、典型的な万国共通の表情とは異なる表情が観察されたことを報告しました。

この実験方法から見出された結果ですが、どう思われますか。

当時から現在にかけ、この知見を掲げ、「エクマン理論は日本人には当てはまらない。したがって、表情分析は意味がない」と主張する声が、名のある評論家やインフルエンサー、某メンタリストらから発信されています。

さまざまな研究から、感情刺激素材として、シナリオ―→写真―→動画と順に強く感情が喚起されることがわかっています。感情が強く刺激されるほど、それにともない表情も強く動きます。

佐藤らの研究で用いられた感情刺激は、シナリオです。明瞭な表情変化を引き起こすほど十分な刺激ではなかった可能性が高い、と考えられるため、彼らの研究知見をもって、「エクマン理論は日本人に当てはまらない」とは言えないでしょう。

参考に、私がおこなった実験の一部をお見せしましょう。

表情の生成研究でオーソドックスな実験方法でおこないました。日本人実験参加者に、モニターに映し出される各動画を一人で見、評価してもらいます。実験で用いた動画は、これ

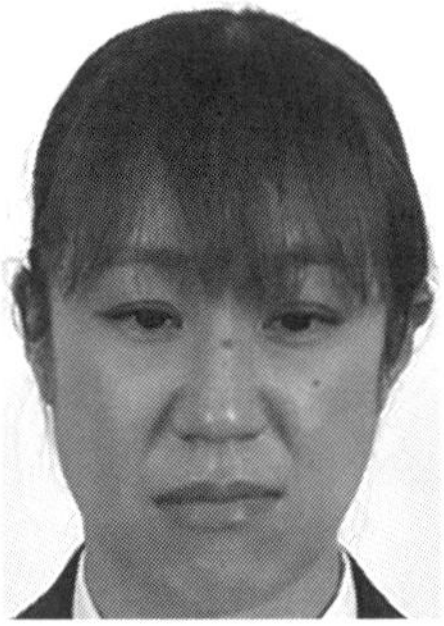

実験参加者 1

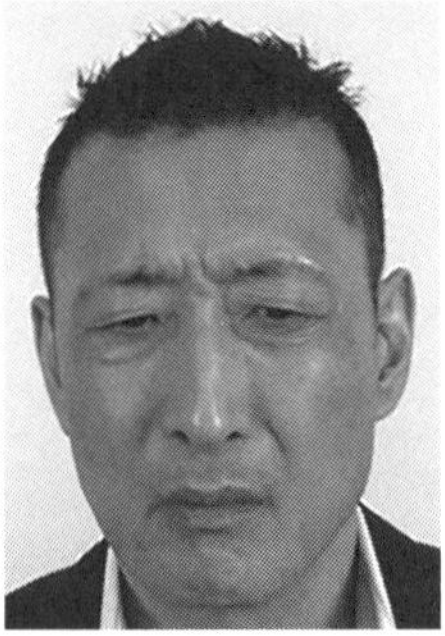

実験参加者 2

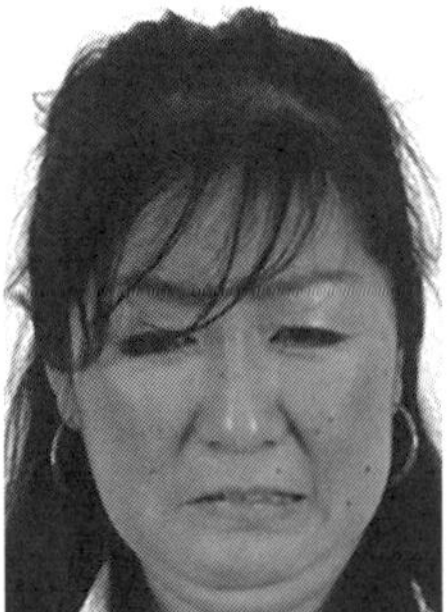

実験参加者 3

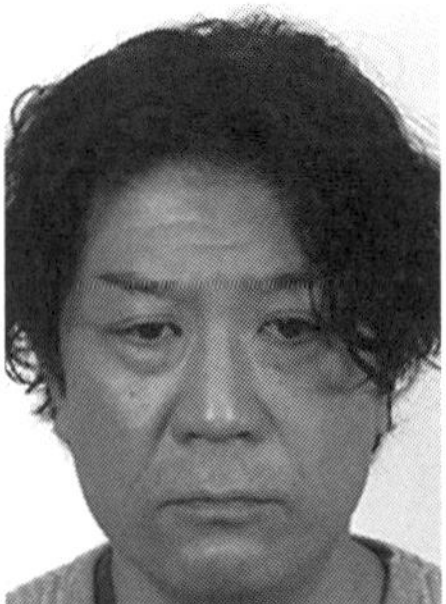

実験参加者 4

までの研究で特定感情を刺激することに高い精度で成功しているものを使用しています。同じ刺激動画を見ている日本人参加者の表情は、右の通りです。どんな動画を見て、どんな感情を抱いているでしょうか。

表情からどんな感情を抱いているか、正しく推測できたかと思います。そう、嫌悪です。

第2章で詳述した通り、万国共通の嫌悪表情は、①鼻のまわりにしわが寄せられる、②上唇が引き上げられ、ホウレイ線のしわが釣鐘型《つりがねがた》になる、というものです。実験参加者1と4は、②の表情を、実験参加者2と3は、①と②のコンビネーションの表情をしています。

彼／彼女らの表情が、万国共通の嫌悪表情であることがわかります。

感情が刺激される程度が弱いと、万国共通の表情として表出されない。要は、入力が足りないのです。「ない」表情から、日本人特有の表情はわかりません。そこで次項より、「ある」表情に視点を移します。

日本人の「得も言われぬ」表情

飲み会の席で、しょうもないギャグを連発している同僚を想像してみてください。最初は、愛想笑いで返していたものの、なかなかギャグが収まらない。愛想笑いが苦笑となり、最終的には軽蔑のまなざしを送る。そろそろいい加減にして、と無言で訴える。

この軽蔑《けいべつ》のまなざしとは、具体的にどんな表情でしょうか。

こんな表情ではないでしょうか。

目を細めるという表情です。いかがでしょうか。「確かに！」「見たことがある」という感じでしょうか。

これが**日本人特有の軽蔑表情**です。目を細めるだけでなく、頭を少し斜《なな》めに傾け、視線は正面。そんなふうに軽蔑を表す方を見たこともあります。

万国共通の軽蔑表情は、片方の口角《こうかく》が引き上げられる表情ですから、この軽蔑表情は、まったく異なる表情です。

他にも、日本人特有の表情には次のようなものがあります。

- **下唇を引き上げ、頭を下げ、前のめりとなる――嫌悪**
- **口角を引き上げ、下唇を引き上げ、唇を上下からプレスし、口を開ける――怒り**
- **頬を引き上げ、目を細め、視線を落とし、口を開け、顔を手で覆《おお》う――悲しみ**
- **眉間《みけん》に力を入れ、下唇を引き下げ、口角を水平に引き、頭を下げる――恐怖**
- **口角を引き上げ、頭を上げる――驚き**
- **口を開け、顔を手で覆う――羞恥《しゅうち》**
- **頬を引き上げ、目を細め、口を開け、顔を手で覆う――恥《はじ》**

幸福がありません。なぜなら、日本人特有の幸福表情は発見されていないからです。つまり、日本人が笑顔を見せるとき、万国共通の幸福表情と同じになるということです。

さて、先の表情を見て、「こんな表情するかも」「そんな表情するかな？」と賛否両論あると思います。万国共通の表情と重なる部分もありますが、ほとんどが似ても似つかないことがわかります。

これら日本人特有の表情は、アメリカの心理学者ダニエル・コルダロによって明らかにされました。

コルダロは、中国人、インド人、日本人、韓国人、アメリカ人に、各感情――娯楽・怒り・畏怖《いふ》・退屈・混乱・軽蔑・満足・はにかみ・食欲・性欲・嫌悪・羞恥・恐れ・幸福・興味・痛み・誇《ほこ》り・安堵《あんど》・悲しみ・恥・驚き・共感・勝利――を抱くと想定される状況描写が書かれた文を読んでもらい、各感情をどのような表情で表すか尋《たず》ね、表現してもらいました。

集計の結果、一つに、5カ国に共通する感情と表情の関係があることがわかりました。この関係は、これまでの研究から明らかにされている万国共通の表情（第2章で説明した表情）と概《おおむ》ね同じでした。

興味深いのは、二つ目の発見です。民族によって特有の感情表現、つまり、中国には中国の、インドにはインドの、日本には日本の、韓国には韓国の、アメリカにはアメリカの各感情の表し方、表情があることがわかったのです。

日本人特有の表情に見られる、各感情に共通している動きや、万国共通の表情に相反する動きを見ていて思うのは、日本語の言語や文化の影響です。

羞恥、恥、悲しみ感情において、顔を手で覆う動きが共通しています。これは、「穴があったら入りたい」「面目ない」という言葉が反映しているのではないでしょうか。羞恥、恥は言わずもがな。人前で悲しみを表現することは、日本人にとって、恥ずかしいことなのかもしれません。

また、怒りで口角を引き上げる動きを見せるのは、怒り表情をストレートに表現することが憚《はばか》られるため。幸福表情を部分的に混ぜ、怒りをマイルドにするのではないでしょうか。これは、集団主義的な文化傾向——争いを好まず、調和を大切にする——が根底にあるものと思われます（詳しくは、次項をご覧ください）。

ところで、コルダロの研究は、各民族が感情を意図的に表現するときの表情についてです。すなわち、コミュニケーション中、相手に感情を明確に伝えようという意図があるときの表情です。

表示規則が関係しているだけでなく、「私は怒っていますよ」「私は嫌がっていますよ」「私は驚いていますよ」という言葉によるメッセージとイコールにもなり得ますので、エンブレムも関連しています。

日本人の「得も言われぬ」表情の謎について、私の視点から回答するならば、次の通りとなります。

万国共通の各感情があり、それらは表情と密接に結びついている。しかし、ある感情に伴って表情が表れるとき、刺激の程度や表示規則が、コアとしての万国共通の表情表出の強弱やタイミングを変え、ときにエンブレムが加わり、ときにエンブレムだけで表現され、日本人の「得も言われぬ」表情として映るのではないか——このように私は考えています。

ジャパニーズスマイルなるもの

「ジャパニーズスマイルは不可解だ」という言説を多々、見聞きします。しかし、先のコルダロの研究より、幸福感情と表情の間（幸福感情にともない動く・動かす顔面筋）には文化的なバリエーションがないことがわかっています。

ここから考えられることは、日本人の幸福表情、すなわち笑顔そのものが不可解に映るわけではない、ということです。

では、何が不可解なのでしょうか。それは、笑顔が生じる・生じない状況が不可解、すなわち、日本人の表示規則が関係しているのではないかと思われます。

日本は、集団主義的な文化圏に属していると考えられています。集団主義的な文化圏に属する人々は、個人よりも集団の欲求や目標を重視します。また、規則や義務が行動を決め、協調性や調和に価値を置きます。ゆえに、ポジティブ表情、笑顔を表すことが推奨されます。逆に、集団の調和を乱しかねないネガティブ表情を表すことは避けられる傾向にあります。

一方、個人主義的な文化圏に属する人々、代表的にはアメリカ人は、自己表現をすることやユニークであることが推奨され、集団よりも個人の欲求や目標を重視します。ゆえに、自由に表情を表す傾向にあります。

たとえば、アメリカ人、カナダ人、日本人の表示規則を調査したカナダの応用社会学者サバ・サフダルらの研究によると、日本人は、ネガティブな感情が生じても、アメリカ人、カナダ人と比べて、怒り、軽蔑、嫌悪を表すべきではない、と回答する傾向にあることがわかっています。

身近な事例では、遅延や災害を伝えるニュースのインタビュー場面で、表示規則の違いを見ることができます。電車が遅れる、あるいは止まってしまい、困っている。災害で家や地域に被害が出て、後片づけに苦労している。こうした場面でインタビューを受けている日本人は、一部、ネガティブな表情が観察されるものの、微妙に笑顔を浮かべています。

一方、類似の場面にいるアメリカ人は、ネガティブ表情を顔全面に出しています。自分の想いをストレートに表しているようです。

日本人の場合、「自分は被害に遭い困っていますが、あなたも被害を被っていますね。お互いさまですね」「被害に遭いましたが、心配しないでください」。こんなメッセージが込められているのではないかと思います。

こうしたインタビュー場面をアメリカ人に見せ、実際に感想を聞いたことはありませんが、おそらくこうした場面で生じる日本人の笑顔を、「不可解」と感じるのではないでしょうか。「困っているようだけど、笑っているのはなぜ？」と。

また、こんな状況はいかがでしょうか。海外旅行や外国人の前で、英語で話をする必要があるとき、どうしても伝わらない。こうしたとき、私たちは、イライラして怒り表情になったり、助けを求め悲しみ表情で訴えたり、考えこんでしまい熟考表情で沈黙する。こうしたことは少ないのではないでしょうか。

焦《あせ》っていても笑顔を保つ。心の中では、ネガティブな感情が渦巻《うずま》いていても、相手の気分を害さないように笑顔になる。

私も身をもって体験しています。私が学生のときはじめて訪れたロサンゼルス。某テーマパークでチュロス（スペインの揚げ菓子）を購入しようと売店で「チュロスを一つください」と言いました。店員さんは、眉間にしわを寄せながら、首をかしげています。

どうやら「チュロス」の発音が違うのか、下手なのか、通じない。「チュロス」を連呼しても通じない。私は、焦りながらも、笑顔。店員さんは、同じ表情をキープ。そんなことがありました。

最終的には、ケースの中の「チュロス」を指さし、「これをください」と言い、無事に買うことができました。このときはじめて店員さんは、「あ～チュロスね！」と言い、笑顔になりました（相手の言っていることを理解することができ、心からのポジティブ感情が表情に表れたのだと思われます）。

考える日本人、もの思う日本人は、どこを見る？

集団主義、個人主義的な考え方が、どんな表情を抑え、どんな表情を表すべきかに影響を及ぼす。こうした表示規則は、顔面筋の動きのみに限定されるわけではありません。目の動きにも表れます。体感してみましょう。

次の問題に答えてみてください。

問題1　昨日の夕ご飯に何を食べましたか？

問題2　時速90キロで走行するとき、1・5時間後には何キロ進んでいますか？

問題1は、既知・記憶探索問題と呼ばれ、回答するのに、記憶を思い出す必要があります。問題2は、思考問題と呼ばれ、回答するのに考える必要があります。

カナダのファンショーカレッジの心理学者アンジャニー・マッカーシーらは、カナダ人、トリニダード人、日本人の実験参加者らに、既知・記憶探索問題10問、思考問題10問をランダムに提示し、回答するとき、視線がどこに向かうかを計測しました。

回答は、人間の出題者と対面しながらおこないます。


先の問題に回答するとき、視線をどこに向けましたか？


実験の結果は次の通りです。

既知・記憶探索問題に回答するとき、トリニダード人が最も出題者とのアイコンタクトを維持し、次いでカナダ人がアイコンタクトを維持。日本人が最もアイコンタクトを維持しない傾向にあることがわかりました。

特に日本人は、視線を下げることがわかりました。

一方、思考問題に解答するとき、カナダ人、トリニダード人、日本人ともに視線を外す。つまり、皆、アイコンタクトを維持しません。

しかし、カナダ人とトリニダード人は視線を上に向け、日本人は視線を下に向ける傾向にあることがわかりました。

「アイコンタクトを維持することは、知識があり、自信があることを示す」「視線を下に向けることは、知識や自信がないことを示唆する」。カナダ人とトリニダード人は、こうした社会通念を持っていると考えられています。

一方、「過度なアイコンタクトは失礼であり、視線を下げることは、相手に敬意を示す」。日本人は、こうした社会通念を持っていると考えられています。

本実験結果は、こうした社会通念が表示規則となって生じることを実証しています。

何かを考えるとき、視線を外すのは、万国共通です。誰もが視覚情報をシャットアウトしたいのです。しかし、その外し方に文化の影響が生じ、表示規則となって表れる。万国共通の作用が働きつつも、文化の色がつく。興味深い現象です。

視線を下げることがネガティブに映る文化圏にいる、あるいは、こうした文化圏出身の人々と会話するとき、自信があることを示したいならば、目線を上げることを意識するとよいでしょう。もしくは、視線を下げ、自身の考えを述べた後、相手を敬う日本の視線文化について、相手に説明するのもよいかもしれません。

都道府県別集団主義度の傾向

ここまで見てきたように文化を集団主義的か個人主義的で分ける方法は、シンプルでわかりやすい半面、文化内の多様性や状況要因、個々人の関係性を無視している、あるいは、時代変遷にともなう人々の意識の変化を軽視している、という批判があります。

事実、個人主義的な文化圏代表のアメリカにおいて、南部は集団主義的傾向が強いことがわかっています。

集団主義的な文化圏と考えられている日本においても、地域によって集団主義の程度が異なることがわかっています。

アメリカにあるブリガムヤング大学の応用社会心理学者ニワコ・ヤマワキが、都道府県別の、離婚率、単身世帯率、65歳以上の単身世帯率、核家族世帯率、三世代世帯率から集団主義の程度を推定したところ、次の表の順位になることがわかりました。

都道府県別集団主義度

順位	県	順位	県
1	山形	25	岡山
2	富山	26	熊本
3	新潟	27	山梨
4	福井	28	香川
5	岐阜	29	高知
6	滋賀	30	徳島
7	福島	31	山口
8	石川	32	大分
9	岩手	33	和歌山
10	秋田	34	愛媛
11	鳥取	35	宮城
12	茨城	36	長崎
13	静岡	37	広島
14	佐賀	38	千葉
15	長野	39	兵庫
16	栃木	40	福岡
17	青森	41	群馬
18	島根	42	京都
19	三重	43	沖縄
20	鹿児島	44	神奈川
21	宮城	45	大阪
22	奈良	46	北海道
23	愛知	47	東京
24	埼玉		

参考：Yamawaki, N.（2012）. Within-Culture Variations of Collectivism in Japan. Journal of Cross-Cultural Psychology, 43（8）, 1191–1204. https://doi.org/10.1177/0022022111428171 を基に筆者作成。

この表は、順位が高いほど、集団主義の程度が高いことを意味しています。

表を見ると、集団主義的傾向の高い地方の大部分は、東北地方および中部地方に集中しており、上位10県中、９県が該当します。一方、個人主義の程度が高い都道府県は、日本中に広がっています。

ここにヤマワキはある傾向を指摘します。個人主義の程度が最も高い10都道府県の中で８都道府県は、政令指定都市を持つということです。政令指定都市は、日本国内で最も都市化が進んでいます。

都市化は、近代化や工業化と密接な関連があり、よりよい雇用を求めて若い世代が移動することにより、人口構造が変化する。この都市化が、日本国内の集団主義のバリエーションに影響を及ぼしている、と考察しています。

なお、ヤマワキは２００５年のデータのみを使用し、都道府県別の集団主義度を推定していますが、京都大学の荻原祐二《おぎはらゆうじ》は、この範囲を広げ、２０１０年および２０１５年のデータも含め検討しています。

その結果、ヤマワキの結果と同じ傾向を示すことがわかりました。このことから日本国内の集団主義のバリエーションは、10年間、ある程度変化なく、継続していることがわかります。

ヤマワキや荻原が用いた離婚率や核家族率などのデータ以外、たとえば、『現代日本人の意識構造』（NHK放送文化研究所編 NHK出版 2020年）の中に、親戚や近隣とのつきあいの程度と都市規模の関係が掲載されています。

都市規模が大きくなるほど、概ね、親戚や近隣とのつきあいの程度が減少する傾向を示しており、集団主義的な価値観は、都市規模に影響を受けることが示唆されます。

以上の知見から、外国人が日本を訪れるとき、あるいは、日本人と交流するとき、どの地域に住んでいるか、どの地域の影響を色濃く受けているかによって、同じ日本人でもスマイルをはじめ、さまざまな表情が表れる原因が異なり、それが不可解、不思議と映ることがあるのではないでしょうか。

無論、これは外国人のみ、表情についてのみ、当てはまる話ではありません。異なる都道府県出身の方とつきあう程度が多いほど、同じ日本人でも、出身地によって価値観に色合いがあることを感じるのではないでしょうか。

私は生まれも育ちも東京なのですが、さまざまな都道府県で講演やプロジェクトをするため、いろいろな地方の方と交流する機会に恵まれています。

懇親会《こんしんかい》などのちょっとした会話の中でも、集団主義のバリエーションを感じることがあります。

たとえば、ふとした会話の中で、岐阜出身・在住の青年から、「関東で働きたいのですが、長男なので実家を出ることができないのです」ということを聞いたことがあります。職業選択に関わる個人の欲求・目標よりも、長男としての責任を全《まっと》うするという家・集団の欲求・目標が重視されているのだろうな、と感じました。

よい、悪い、普通、変だ……という価値判断を下すとき、知らず知らずの間に自分を基準に、そこから外れるものをネガティブにとらえてしまう。

人を理解するには、その人にとっての基準を知ることが重要です。その人の視点に立てば、「おかしい」と思っていたことも「なるほど納得」と思え、考え方の視野を広げることができるのではないでしょうか。

自分の感情表現を知る手がかり

ここまで集団主義度の地域性と日本人表情、コミュニケーションの関係について見てきました。さらに歩を進めましょう。

同地域出身・居住だとしても、誰彼一様に、平等につきあうわけではありません。つきあう相手によって向ける表情を変えます。

ここでシミュレーションをしたいと思います。正解・不正解はありませんので、気楽に回答してみてください。

●シミュレーション1

あなたの親友を一人、具体的に思い浮かべてください。条件1、あるいは2において、その親友と交流中、さまざまな感情を抱くとします。各感情をどう表情に表すべきだと考えますか。感情表現の方法A～Fの中から選択してください。

感情	条件１	条件２
	あなたの自宅に親友を招き入れます。話をするうちに、親友に対して次の感情を抱きました。	親友と外食に行くことになりました。レストランで話をするうちに、親友に対して次の感情を抱きました。
怒り		
軽蔑		
嫌悪		
恐怖		
幸福		
悲しみ		
驚き		

感情表現の方法

Ａ：自分が感じている感情を強めて表す
Ｂ：自分が感じているままの感情を表す
Ｃ：自分が感じている感情を弱めて表す
Ｄ：自分が感じている感情を他の表情も加えて表す
Ｅ：自分が感じている感情をポーカーフェイスで隠す
Ｆ：自分が感じている感情を他の表情で隠す

感情	条件1	条件2
	あなたの自宅に知人が訪ねて来ました。話をするうちに、知人に対して次の感情を抱きました。	知人と外食に行くことになりました。レストランで話をするうちに、その知人に対して次の感情を抱きました。
怒り		
軽蔑		
嫌悪		
恐怖		
幸福		
悲しみ		
驚き		

●シミュレーション2

顔見知り程度の知人を一人、具体的に思い浮かべてください。条件1、あるいは2において、その知人と交流中、さまざまな感情を抱くとします。各感情をどう表情に表すべきだと考えますか。感情表現の方法A～Fの中から選択してください。

感情表現の方法

A：自分が感じている感情を強めて表す

B：自分が感じているままの感情を表す

C：自分が感じている感情を弱めて表す

D：自分が感じている感情を他の表情も加えて表す

E：自分が感じている感情をポーカーフェイスで隠す

Ｆ：自分が感じている感情を他の表情で隠す

どのような回答となったでしょうか。このシミュレーションは、デイビッド・マツモト開発の「Display Rule Assessment Inventory」を用いた研究を基にしています。

この研究結果によれば、平均的な日本人の場合、親友と知人では、似通った回答にはならず、かなりの差が生じているはずです。

まず、日本人は、アメリカ人と比べて、つきあう相手に応じて表示規則にバリエーションがあり、自分にとって存在が遠い、専門的には、外集団と言いますが、外集団と考えるほど、ネガティブ表情もポジティブ表情も示す程度が低くなることがわかっています。

自分に関係がない人、普段つきあいがない人に、無表情で接しがちである、と考えるとわかりやすいかもしれません。親友と知人を比べると、知人は、自分にとって遠い存在です。親友に比べ、知人に対し、ＣやＥが多い、あるいは、ＡやＢが少ない回答となっているのではないでしょうか。

一方、怒り感情は変則的なようです。日本人は、アメリカ人と比べて、自身と普段関係がない、あるいは、薄いと感じる人々や地位が低いと感じる人々に対して、怒り表情を示すことを適切だと考える傾向がわかっています。

先のシミュレーションに置き換えるなら、怒り感情を抱くとき、親友に対しては、E、F。つまり、怒り表情がストレートに出ないようにする。知人に対しては、A、B。怒りを表情に示す。こうした回答パターンが典型的と言えるでしょう。

幸福表情については、日本人は、アメリカ人と比べて、公の場（外集団に属する人々が多数を占める可能性が高い場）で笑顔を見せないという回答をするようです。

確かに、カフェ等でコーヒーをカウンターから受けとるとき、「ありがとう」と笑顔で言うアメリカ人（正確に言えば、アメリカ人に見える人）は、よく目にしますが、笑顔の日本人はそうそう目にしません。無表情で淡々と受けとる様子を多々目にします。

このような日本人の表示規則は、「自身の属する集団とそうでない集団を区別し、自身の属する集団内の結束を高めようとするゆえである」と考えられています。

表示規則は、自身を取り巻く文化集団に順応するために徐々に形成された規則です。文化適応の結果です。文化が違えば、異なりますし、集団の価値観や時代が変われば、変容するでしょう。

同じ感情でも自身の表情は、どう異なるのか。誰にどんな表情を見せるのか。そして、その表情は一定か、変わってきているかを冷静に見つめる。そうすることで、自身がどの集団にどう適応しようとしているのか、どう変わろうとしているのかについて自己理解を深めることができるでしょう。

あなたは誰にどんな表情を向けていますか？　向けたいと思っていますか？

自立した笑顔か相互依存した笑顔か

ここまで、日本人の表情が「どう表れるか」ということを説明してきました。ここで、日本人が表情を「どう読むか」ということについて見てみましょう。

ここでクイズです。

集団1を見てください。5名、人が集まっています。⬇の女性の幸福度を1~10段階で判断してください。

集団1

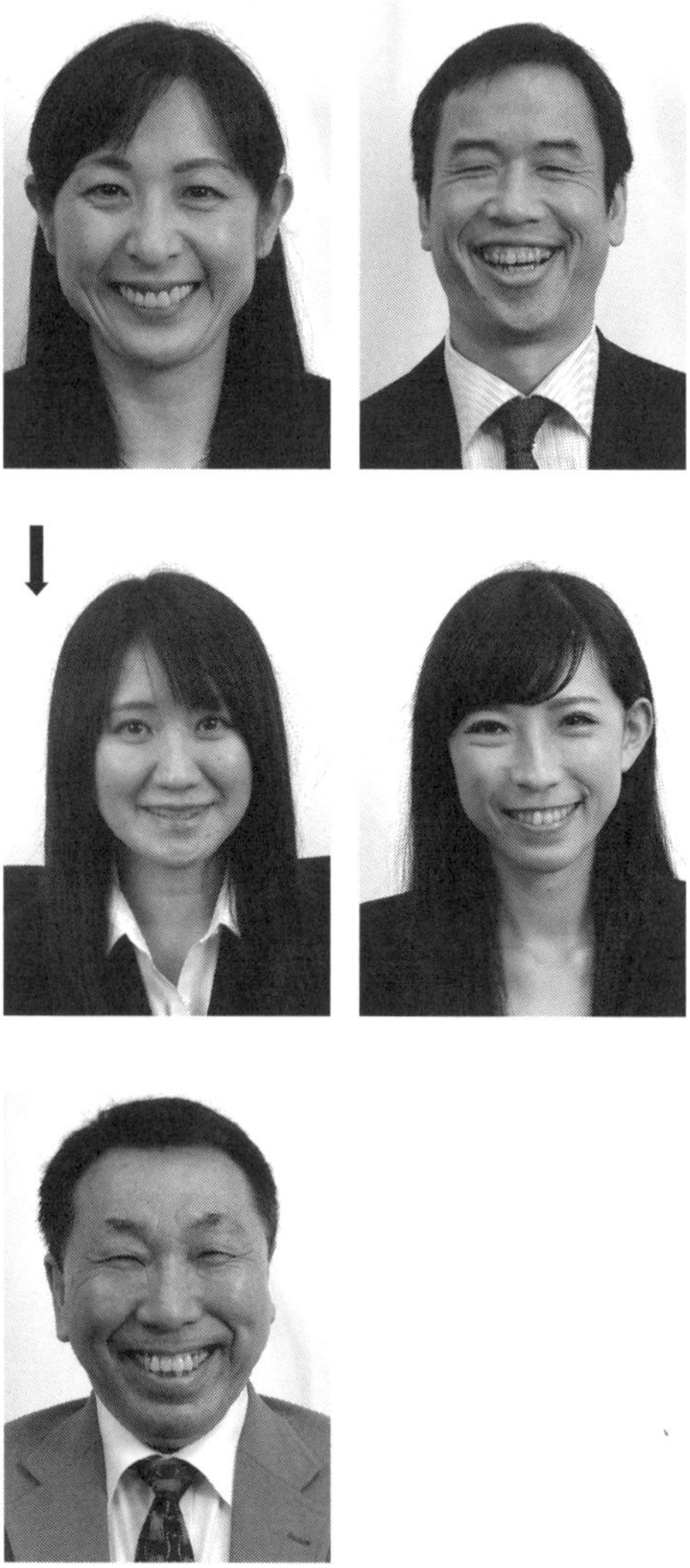

次は、集団2です。5名、人が集まっています。⬇の女性の幸福度を1~10段階で判断してください。

集団2

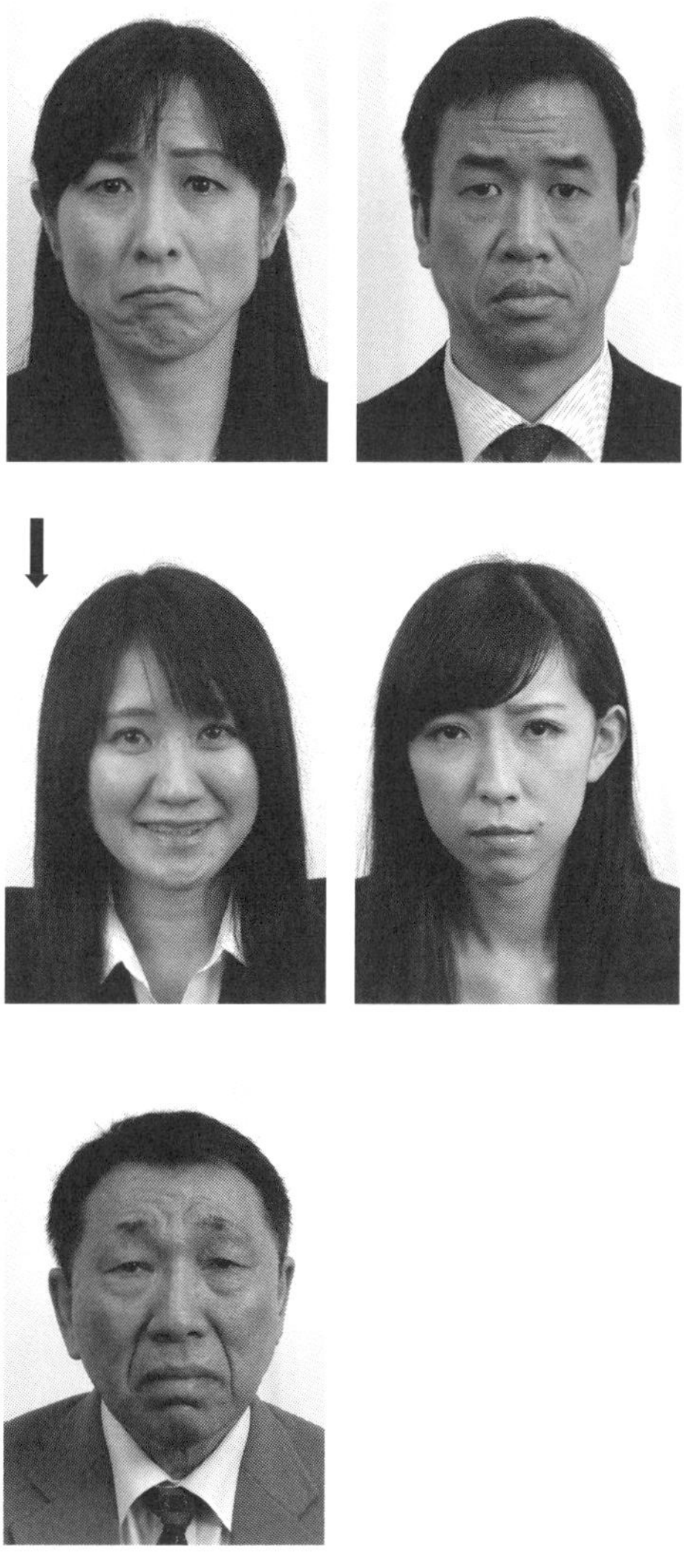

集団1と2で幸福度にどのくらいの乖離《かいり》があったでしょうか。この先を読む前に、ぜひ書き留めておいてください。

冒頭のクイズは、アルバータ大学心理学部の増田《ますだ》貴彦《たかひこ》らの実験をもとにしています。増田らは、コンピュータ画面上に5人の人物を映し、中央にいる人物の表情から感情の強さを判断してもらう実験をしました。実験参加者は、アメリカ人と日本人です。

5人の中心にいる人物をターゲット人物と呼びます。その他、4名を背景人物と呼びます。この実験の目的は、ターゲット人物の表情を判断する際、背景人物の表情は、どんな影響を及ぼすか、というものです。

そこで、冒頭のクイズのように、ターゲット人物の表情と背景人物の表情が同じものと違うものを用意し、参加者にターゲット人物の感情を判断してもらいます。そして、判断中の参加者の目の動きを計測します。

実験の結果、日本人は、ターゲット人物の感情を判断する際、背景人物の表情に影響される傾向が強いことがわかりました。どのような影響でしょうか。

冒頭のクイズを例に説明すると、集団1におけるターゲット人物の幸福に比べ、集団2におけるターゲット人物の幸福の程度を低く見積もる、ということです。一方、アメリカ人にこの傾向は見られない、ということがわかっています。

判断中の参加者の目の動きを追うと、日本人は、背景人物らへの注視時間が平均15％、ターゲット人物への注視時間が平均85％。一方のアメリカ人は、ターゲット人物への注視時間が95％を超えていることがわかりました。

同じような実験をさまざまな文化圏に属する実験参加者に対し実施したところ、背景人物の表情に影響を受ける度合いは、日本人がいちばん大きく、次いで、東アジア系留学生、東アジア系カナダ人、ヨーロッパ系カナダ人という順であることがわかりました。

参加者の目の動きについても、背景人物の表情に影響を受ける度合いが高いほど、背景人物を注視していることが確認されています。

以上のことから、同じ表情でも、生活する文化の影響を受け、どのような表情に囲まれているかによってその捉え方が異なる、ということがわかります。

感情認識ＡＩが読む日本人の表情

ここで、近年、広がりに勢いを見せる感情認識ＡＩと日本人の表情にまつわる問題を考えたいと思います。

表情に関わる科学実験をしたり、表情の変化から心理推測したりする際、これまでは表情分析の専門資格を持つ人間の専門家が分析していました。しかし、近年、専門家の知見とスキルが搭載された感情認識ＡＩが自動的に表情を分析する時代へとなりつつあります。

さまざまなメーカーから感情認識ＡＩが開発・販売されていますが、概ね、どのＡＩも個別の顔面筋の動きを測定し、それらのコンビネーションから幸福・軽蔑・嫌悪・怒り・悲しみ・驚き・恐怖などの感情表現に分類する様式です。

顔面筋の動きをいくつ測定するか、感情表現をいくつに分類するかは、メーカーによって異なります。

こうした感情認識ＡＩが登場しはじめるにつれて、「日本人の表情でもちゃんと認識するのですか？」「日本人と外国人の表情は異なるのではないでしょうか」と尋ねられることが増えてきました。

「万国共通の表情を分析対象とする限りにおいて、日本人でも測定できます」というのが一応の回答です。

しかし、質問の根底には、日本人特有の表情に関わる問題があるように思われます。この問題を考える前に、まず、より根本的な問題を考えなくてはなりません。それは、感情認識ＡＩの測定精度と解釈に関わる問題です。

最初に、測定精度の問題についてです。

たとえば、学術・商業利用の頻度が高い感情認識ＡＩにFaceReader（フェイス・リーダー）があります。オックスフォード大学のピーター・ルインスキーらやフリードリヒ・アレクサンダー大学エアランゲンのターニャ・スキエンジエルらが、フェイス・リーダーの測定精度を検証したところ、80％〜90％前後ということがわかりました。

ただし、これは、測定対象となる表情をどれだけ正しく識別できたかという数字です。10人の笑顔の人に対して、８〜９回幸福表情であると正しく識別できるというイメージです。

一方、フェイス・リーダーと表情分析の専門資格を持つ人間の専門家がそれぞれ個々の顔面筋の動きを分析し、それらのコード群の相関を取ると、０・６３〜０・６９になるという検証結果が出ています。

眉が中央に寄りながら引き下げられる、唇が巻きこまれる、エクボがつくられる、口角が引き下げられる……等々という顔面筋《がんめんきん》の動きがあるとき、６〜７割正しく識別できるというイメージです。

表情分析の専門資格とは、具体的にはＦＡＣＳ（Facial Action Coding System: 顔面動作符号化システム）というものです。

この資格を取得するには、専用の教材に沿ってＦＡＣＳについて習熟します。そして、認定試験を受けるのですが、試験に合格するために必要な相関基準（正解のＦＡＣＳコードと自身が解答したＦＡＣＳコードが一致している割合）は、０・７です。さらに、科学実験などにおいて客観性のあるデータとして利用するために必要な相関基準（こちらは、２人以上の認定ＦＡＣＳコーダーのＦＡＣＳコードが一致している割合）は０・８〜０・９です。

つまり、フェイス・リーダーは、大まかな感情表現の把握を高い精度でおこなえるのですが、個々の顔面筋の動きの把握は、中程度の精度においてのみ可能、ということになります。

次に解釈に関わる問題です。たとえば、分析対象者の顔に、眉が中央に寄りながら引き下げられる表情と唇が上下からプレスされる表情が生じるとします。これらコンビネーションの表情を感情認識ＡＩが、怒り表情、と解釈するとします。

これが問題となります。確かに、これらコンビネーションには怒りの要素も含まれますが、熟考の要素も含まれるからです。先に顔面筋の動きをいくつの感情表現に分類するかは、メーカーによって異なると書きましたが、目下、多くのメーカーは、万国共通の7表情に分類する様式を採用しています。ゆえに、顔面筋の動きに複合的な意味があったとしても、その7表情に自動的に分類し、アウトプットしてしまうのです。

ＡＩの進歩によって将来、感情認識ＡＩの測定精度と解釈に関わる問題はクリアするかもしれません。しかし、現時点では、感情認識ＡＩを、表情が重要な判定の根拠となり得る分析、たとえば、精神疾患の判定や虚偽検出などに使うべきではないでしょう。大まかな感情を把握するような分析、たとえば、集会などにいる聴衆の全体的な感情の傾向把握や広告などを見ている集団のポジティブ・ネガティブ感情の平均値の把握などに使う等が望ましいと考えます。

これは、日本人に限った話ではなく、どんな民族に対しても、感情認識ＡＩを使用するうえでの共通の提言となります。

感情認識ＡＩの効果的な活用法

感情認識ＡＩの測定精度と解釈に関わる問題がクリアしたとします。次に考えるべき問題は、日本人特有の表情に関わることです。

最も問題になり得るのは、日本人のエンブレムと愛想笑いです。

「日本人の『得も言われぬ』表情」の中で、日本人は怒りを次のように表すということを書きました。
・口角を引き上げ、下唇を引き上げ、唇を上下からプレスし、口を開ける
この動きを感情認識AIに解釈させると、具体的な数値はメーカーによって異なりますが、幸福、悲しみ、怒り、驚きが、各々数～数十%の値で表示されます。本人は、怒りを伝えようとしているものの、感情認識AIは、万国共通の表情分類に基づき、その他の解釈の可能性も拾ってしまう。

ではどうしたら、日本人の気持ちを正確に解釈することができるでしょうか？

単純な解決策としては、教師データとして日本人のエンブレムを含む日本人表情の情報を大量に集め、AIに学習させるというもの。しかし、これは何十万、何百万枚もの日本人表情画像を収集し、解釈し、分類する必要があり、大変です。

こうした感情認識AIを自身で開発する、あるいは、感情認識AIの進歩を待つしかありません。すでにある日本人表情で学習した感情認識AIについては、使用前にその精度を確

認する必要があるでしょう。

愛想笑いに関して、条件によってはこんな解決策もあり得ます。

日本人表情を計測・解釈する際、その場面が、ネガティブ感情が想起されると十分に考えられ、かつネガティブ感情の種類を特定したい場合、そこで幸福表情が計測・解釈されたとしても、それは真の幸福感情の表れでなく、表示規則の一部と解釈し、幸福表情のアウトプットを無視してしまう。やや強引ですが、こんな方法です。

最も穏当かつ科学的な解決策は、複数の顔面筋のコンビネーションの測定の結果、感情認識ＡＩが解釈する万国共通の７表情の分類パターンを、そのまま信じるのではなく、顔面筋の動き一つ一つについて検証する、という方法です。

測定対象者のどんな顔面筋の動きと、行動や感情、心理が紐づいているか、観察するという方法です。具体的に、私が運営する株式会社空気を読むを科学する研究所が関わった実験から説明します。

実験の目的は、おいしいビールを飲んでいるときの表情を発見する、というものです。第３章で紹介した研究です。少し詳しく説明します。

アサヒクオリティーアンドイノベーションズ株式会社醸造科学研究所の脇平崇浩ら研究員が主導の研究です。実験参加者の表情は、株式会社シーエーシーが提供する感情認識ＡＩ「心 sensor」を用いて、測定されました。私は、実験を実施するにあたりサポートしていました。

今一度、実験方法と結果を書くと次の通りです。

市場に流通しているビール３種類を実験参加者に飲んでもらいます。実験参加者は、全員、日本人です。飲酒中の参加者の表情を感情認識ＡＩで計測します。参加者にどのビールが最もおいしいと感じるか回答してもらいます。

飲酒中の参加者の表情と回答の関係性を精査すると、最もおいしいと感じるビールを飲んでいるとき、唇《くちびる》が上下からプレスされる表情を最も生じさせる傾向にある、ということがわかりました。

唇が上下からプレスされる表情を解釈するうえで物を言うのが、感情と表情に関する知識です。唇が上下からプレスされる表情は、怒りや熟考、あるいは物を味わっているときの表情です。

幸い、「心 sensor」はこの表情を怒りと分類しなかったのですが、他のメーカーの感情認識ＡＩは、怒りと分類してしまうかもしれません。実際、私は、熟考している表情を怒りや悲しみと解釈してしまっている感情認識ＡＩを見たことがあります。

唇が上下からプレスされる表情を怒りと考えてしまうと、「最もおいしいと感じるビールを飲んでいるとき、怒りが生じる」というわけのわからない結果となります。たとえＡＩのアウトプットがそうなってしまっても、「唇が上下からプレスされる表情には複数の意味がある」、という知識があれば、適切な解釈ができます。

また、本実験のように、どんな表情とどんな回答・指標・状況を比べるかを適切に設定すれば、個別の顔面筋の動きについて日本人独特の動きがあったとしても、その意味を正しく解釈することができるでしょう。

たとえば、売店において、いくつかの商品を見ているときの顔面筋の動きと、購入行動を比べるとします。

片方の眉を引き上げる表情が商品を購入する前に表れていたら、この表情は、商品を気に入っている、あるいは、購入の意思《いし》を意味する動きだと解釈できるでしょう（これはたとえ話で、こうした関係性は特定されていません）。

店舗に立つ店員さんがこの知識を知っていれば、購入意思の高い商品を効率的にお客さまに勧めることができるでしょう。

感情認識ＡＩを正しく使用するには、感情・表情に関わる知識と健全な科学的思考法が必要なのです。

よく見続けることがカギ

万国共通の表情がある。表示規則が、表情表出の強弱や、表情そのものを変えることがある。日本人特有のエンブレムもある。さらに、同じ文化圏内でも地域差があり、同じ地域でも、心理的な対人距離によって表情の向け方が異なる。そして、表情そのものではなく、状況を加味した表情を読もうとする。とても複雑です。

こうした複雑な感情――表情世界の中で、目の前の人、特に、自分が大切だと思う人、大切にしたいと思う人の表情を正しく理解するには、どうしたらよいのでしょうか？

単純です。

大切な人をよく見続ける、ということに尽きます。

大切な人のデフォルト表情、つまり、刺激と表情反応のお決まりの関係をセットで知る。大切な人が、何にどんな表情をするのか。どんな人にどんな表情を向けるのか。どんな表情のクセを持っているのか等々を見続けるのです。「あなたはいつも○○なとき、こんな顔するよね」を知るということです。

見続けるといっても、ただ漫然と見ていてもわかりません（数ヵ月、何年も時間をかければ、観察しようと意識しなくても、自然とわかってくることもありますが）。どんなに特異な人でも万国共通の表情を土台にしています。ですので、万国共通の表情を正確に理解し、その目で観察します。

そして、大切な人が、ある食物を口にしたときや、ある考えに接したとき、どんな表情をするのか。同じ「おいしい」でも、同じ「私もそう思う」でも、その時々の表情に違いはないか。大切な人に、友人や知人を紹介するとき、同じ「はじめまして」でも、その時々の表情に違いはないか。表情の強弱や表情に微細な違いが生じるはずです。

表情に特徴的なクセを持つ人もいます。たとえば、ある人の顔に笑顔が浮かぶとき、口角と頬が上がるのを目にします。ふと気づくと、鼻のまわりにしわが寄っています。この表情を教科書的に解釈すると、幸福と嫌悪の混合表情です。しかし、鼻のまわりにしわを寄せながら笑う、顔をしわくちゃにして笑う、そんな人もいます。

大切な人にこうしたクセがあることを知っていれば、笑顔の意味を正しく理解することができます。

他にも、眉の内側を引き上げる、あるいは、眉を引き上げながら、眉を中央に寄せながら引き下げる。典型的には、それぞれ、悲しみ表情、恐怖表情の一部ですが、これらの動きを単に「あなたの話を聞いていますよ」というメッセージを示すために使う人もいました。

こうしたクセを捉え損ねれば、会話のリズム付けのために使われた動きを、全然違う意味に誤解してしまう恐れがあります。


重要なことですので、何度も書きます。感情と表情には万国共通の関係があります。しかし、万国共通を核とした変則的な表情もあります。その表情は、文化の影響を受けていることもあれば、状況的、個人的な影響を受ける場合もあるでしょう。

10000種類以上あるとされる表情。その中で自分と大切な人にとって意味のある表情を見つけてください。重要なのは、観察、観察、そして、観察なのです。

コラム　徳川家康を表情分析する

徳川美術館の所蔵品の中に、「徳川《とくがわ》家康《いえやす》三方ヶ原《みかたがはら》戦役《せんえき》画像《がぞう》」と呼ばれるものがあります（bunka.nii.ac.jp/heritages/detail/18704）。ここに描かれている徳川家康と向き合ってみましょう。

口角が引き下げられています。また、端の歯と口角の間に隙間ができていることから、唇が水平に引かれているのがわかります。これらの動きによって、上下の唇が離れ、前歯が露出しています。口角が引き下げられる動きは、悲しみ表情の一部、あるいは、熟考です。

しかし、熟考は唇がプレスされる動きをともなうのが普通です。ゆえに、熟考の可能性を排除し、悲しみとします。唇が水平に引かれる動きは、恐怖表情の一部です。

次に、顔の上半分に視点を移します。

上まぶたが引き上げられています。怒り、驚き、恐怖表情の一部です。眉間のしわ、そして、眉に盛り上がりが確認できます。特に眉ですが、カギ型とまでは言いにくいも

の の、 弧を描くのではなく、 まっすぐとなっています。 このことから、 眉が引き上げられ、 眉が中央に寄りながら引き下げられていると考えます。 恐怖表情の一部です。

ここで怒りの可能性を排除します。 怒りは、 上まぶたが引き上げられる動きに眉が中央に寄りながら引き下げられる動きがともなわない限り、 この上まぶた単体の動きでは意味を成さないからです。

以上より、 徳川家康の顔から、 悲しみ、 驚き、 恐怖の混合表情を読みとることができます。 生きている時代が異なっても、 万国共通の表情から私たちと相通じる感情を読み解けると実感します。

さて、 この図の解釈について、 見解が割れています。 1573年の三方ヶ原の合戦（静岡県浜松市の郊外） において、 家康は生涯でただ一度の敗北を経験します。 相手は、 武田《たけだ》信玄《しんげん》。 この敗北を機に、 自己の慢心をいさめるため、 図を描かせた、 という見解が一つです。

この見解を戦役図論と言います。 もう一つの見解は、 この図は合戦当時ではなく、 後世に想像によって描かれた神格化された家康像である、 というものです。 この見解を礼拝図論と言います。

長らく戦役図論が通説となっていましたが、近年、礼拝図論が提唱されました。戦役図論を否定する根拠として、「伝承であり、史料的根拠は存在しない」ことが挙げられています。

一方、礼拝図論を示唆する根拠として、家康の容姿が座禅の一種である半跏思惟《はんかしい》をしており、表情は「忿怒《ふんぬ》」を表している、としています。

さて、戦役図論、礼拝図論、どちらが正しいでしょうか。はたまた、他の見解があり得るのでしょうか。

私は歴史学者ではないため、史料を用いた考察ではなく、表情分析を用いた考察をします。冒頭で分析した通り、家康は「忿怒」表情をしていません。悲しみ、驚き、恐怖の混合表情です。「忿怒」表情は、怒り表情がベースです。

悲しみ、驚き、恐怖の混合表情の中の、悲しみは、「助けてほしい」というニーズの表れです。恐怖は、脅威を回避する・周囲に伝えるというニーズの表れです。他者に弱々しい印象を与えます。礼拝図にこうした表情を選択するでしょうか。疑問です。

また、半跏して思惟する、半跏趺坐《はんかふざ》とされる禅の組み方ですが、これは菩薩坐《ぼさつざ》と呼ばれています。菩薩は、馬頭観音《ばとうかんのん》のように忿怒の相をしている菩薩もありますが、基本的には、穏やかな表情をしています。

神格化された礼拝図としての家康を描くのならば、穏やかな表情で半跏思惟する図が適当に思えます。

つまり、表情分析の視点からは、礼拝図論よりも戦役図論のほうが据《す》わりがよい。しかし、戦役図論を支える根拠が史料にないとのことですので、両者以外の見解が適当なのかもしれません。

ところで、この図について、私の先生、故・工藤力《くどうつとむ》先生が、『しぐさと表情の心理分析』（福村出版）で分析しています。工藤先生の分析と私の分析を併せて読んでいただければ、表情分析をより深く、楽しく学んでいただけると思います。

第5章

微表情検知力の磨き方

感情移入しすぎないための処方箋

最終章となる本章では、「表情観察・分析を日常・ビジネスコミュニケーションで実践したい」「表情観察・分析スキルを磨《みが》きたい」と希望する方々へ向けたメッセージをお伝えしたいと思います。

本書をここまで読み、実践に踏み出そうとするとき、「人の気持ちがわかりすぎてしまうと、生きづらくなってしまうのではないか」「相手の感情に飲みこまれてしまい、つらくなってしまうかもしれない」「感情移入しすぎて公平な視点を保てなくなってしまうのでは」というような懸念を抱かれるかもしれません。

この懸念について検討してみましょう。次ページの①～⑤の質問に、「はい」か「いいえ」で答えてみてください。

共感には、情動的共感と認知的共感があります。情動的共感とは、自分と相手の壁をなくす自他融合的な共感のことです。認知的共感とは、相手の気持ちを正確に読み、その気持ち

No.	質問	回答
①	非常事態では、不安で落ち着かなくなる。	はい・いいえ
②	激しく感情的になっている場面では、何をしたらいいか分からなくなることがある。	はい・いいえ
③	気持ちが張り詰めた状況にいると、恐ろしくなってしまう。	はい・いいえ
④	切迫した状況では、自分をコントロールできなくなる方だ。	はい・いいえ
⑤	差し迫った助けが必要な人を見ると、混乱してどうしたらいいかわからなくなる。	はい・いいえ

参考：日道俊之・小山内秀和・後藤崇志・藤田弥世・河村悠太・Davis, Mark H.・野村理朗（2017）．日本語版対人反応性指標の作成 心理学研究，88, 61-71. doi:10.4992/jjpsy.88.15218 を基に筆者作成。

に沿った適切な行動を考えることのできる自他分離的な共感のことです。

上の質問に「はい」と答えるほど、相手を思いやるとき、情動的共感が強く働く傾向にあります。情動的共感が強く働くということは、相手の不安や苦悩を自分事として受け止めることができる。思いやりがあります。

しかし、相手の感情の波に飲みこまれてしまい、適切な援助ができない、あるいは、何もできなくなってしまうという弱みがあります。

一方、認知的共感、すなわち自他分離的な共感ができるということは、相手の苦悩により自分の中に起こるネガティブな感情を、適切にコントロールし、相手に必要な援助をおこないやすい。こうしたことがわかっています。

情動的共感と認知的共感のどちらがよいか。本書の立場は、後者です。どんなに相手を思いやる気持ちがあっても、現実的に相手を助けることができなければ、相手の幸せには貢献できないと考えるからです。

また、思いやる気持ちが自己中心的だと、相手が困っていること、欲していることを勘違いし、まったく相手が求めていない「ありがた迷惑」な援助をしてしまうかもしれないからです。

それでは、どのように情動的な共感を抑え、認知的に共感する力を養えばよいのでしょうか。じつは、第2章と第3章で学んできた内容が、まさに認知的な共感力を高めるための方法でした。

第2章では、表情と感情を客観的に捉えるための視点を学び、第3章では、コミュニケーションの中で具体的に応用させる方法を学んでいただきました。

第2章、第3章の内容を繰り返し読み、日常・ビジネスコミュニケーションの場で実践してください。理論通りにきれいに進むこともあるでしょう。理論通りにいかないときもあるでしょう。

試行錯誤しながらどんどん実践してください。認知的に共感する力を高めることができるでしょう。

相手の気持ちを理解しようとする温《あたた》かい心を持ちつつ、その気持ちを冷静に分析し、思考し、相手が真に求めているものを見つける。こうした、心と思考で常に相手に接していただけることを願っています。

微表情検知力を高めるトレーニング法

本書において、表情の読みとり方とコミュニケーションの中での活用法を、静止画像を用いて説明してきました。しかし、実際のコミュニケーションは、言うまでもなく、動いています。

動く表情をリアルタイムで読み、リアルタイムで返答する必要があります。特に、表情を読みとることができなければ、その先はありません。取りわけて、普通の表情は簡単でも、微表情は難しい。

そこで、微表情をリアルタイムで読みとれるようになるトレーニング方法を紹介したいと思います。

微表情を検知することに特化したツールは、いくつかありますが、概《おおむ》ね共通した内容は次の通りです。

● **事前テストセクション：現時点における微表情検知力がテストされます**（なお、これまで**微表情検知トレーニングを受けたことがない場合、平均20％〜40％の正解率となります**）。

● **インストラクションセクション：幸福、軽蔑《けいべつ》、嫌悪《けんお》、怒り、悲しみ、驚き、恐怖表情の特徴について解説されます。解説は、文章と音声でなされ、表情がゆっくりと動くさまが動画で確認できます。**

● **トレーニングセクション：真正面を向いた数十枚の顔画像からなる動画を用いて、微表情検知力を高めるためのトレーニングをします。０・１秒〜０・５秒の間に、中立表情（無表情）➡ターゲット表情（7表情のいずれか）➡中立表情と切り替わる表情画像を見て、どんな表情が表れていたか、８つの選択肢から選択します。選択肢は、幸福、軽蔑、嫌悪、怒り、悲しみ、驚き、恐怖、中立の8つです。**

● **事後テストセクション：トレーニング成果がテストされます。**

なお、ツール内に登場する表情画像は、６つの民族グループかつ同じ割合の男女で構成されています。バリエーションとして、真横や斜《なな》め向きの顔からの微表情を検知するトレーニング、マスクやスカーフ着用時の微表情を検知するトレーニング、暴力行為を意図している表情を検知するトレーニングなどがあります。

こうした微表情の検知に特化したトレーニングツールを用いることで、短期間で微表情検知力を引き上げることができます。

このトレーニング効果は、第1章で書いたように、1時間トレーニングするだけで、検知率が40％から80％まで向上し、２～３週間、この精度は維持される、半年～1年間維持される可能性もある、ということが実証されています。

微表情検知トレーニングツールを提供している代表的な企業は、次の2社です（２０２３年2月情報）。微表情検知力を高めたい方は、本書と併せて活用いただければと思います。

▼ヒューミンテル　https://www.humintell.com/

▼ポールエクマングループ　https://www.paulekman.com/

日本人の表情でトレーニングしたいと思うなら、私が経営している株式会社空気を読むを科学する研究所のサイトを覗いてみてください。各種トレーニングツールやセミナーを提供しています。

▼株式会社空気を読むを科学する研究所　https://microexpressions.jp/

実際にトレーニングをすると、最初は、「こんなスピードは無理！」と悲鳴を上げたくなります。私が日々、実施する研修でも、トレーニング開始直後、苦笑とでも呼べるような声が多くの研修生から聞こえてきます。

しかし、トレーニング開始、数十分で目が慣れてきて、「微表情が読める!!」という感覚が生じてきます。すぐに微表情が読めるようになります。ぜひ、チャレンジしてみてください。

なお、お金をかけずスキルを高める方法もあります。トレーニングをしなくても、**「よく観察しよう」という動機を高めるだけで、微表情検知力が向上する**、そんな実験結果が見出されています。

この理由は謎なのですが、微表情が目の前に表れるとき、意識的には微表情の存在に気づけなくとも、皮膚の電気伝導度が変わる。つまり、無意識的に身体は微表情を感じている、という研究知見も見出されており、表情に反応しようとする身体の潜在力が関係しているのかもしれません。

重要なのは、やはり、**観察、観察、そして、観察**なのです。

微表情は波！

時折、私のもとに「私は繊細なので人の気持ちがわかりすぎてしまって困っています」という悩みが寄せられます。

取りあえず、「テストしてみましょう」ということで微表情検知テストと読みとった微表情をどう評価するかをチェックするテストをさせてもらいます。

十中八九と言っても過言ではないくらい、微表情検知テストの結果は標準レベルかそれよりも低いレベルになる。また、表情・微表情の評価にバイアスがかかっていることがわかります。

このテスト結果の原因はさまざまだと思います。しかし、目下、考えられることは、一つに、繊細ゆえに対人恐怖となり、コミュニケーション中に人の目を見ることが怖く、逸《そ》らしてしまう。結果として、微表情は、言うまでもなく、普通の表情の読みとりさえ困難を生じさせてしまっている可能性があります。

次に、表情を認知するうえで歪《ゆが》みが生じている。たとえば、人に笑われることに恐怖を抱く人は、そうでない人に比べ、純粋な幸福表情の写真を見ても、「あまり幸福そうに見えず、軽蔑している」と評価する傾向にあることがわかっています。

「笑われることに恐怖を抱く」までいかなくても、他者の評価を気にしすぎてしまうと、相手の曖昧《あいまい》な表情を「何らかのネガティブ感情の表れだ」と決めつけてしまうのかもしれません。

表情・微表情の評価にバイアスがかかる、とはどういう意味でしょうか。

これは、「表情・微表情が生じている原因の解釈の幅が狭く、限定的である」、という意味です。

たとえば、「自分の職業人生において学歴が邪魔をしている」と語っている人物が、嫌悪の微表情を生じさせるインタビュー映像があります。この嫌悪微表情を見て、「ああ、この人は学歴がなくて苦労しているのですね」と、他の可能性を考えず、即断してしまう人が多くいます。この映像の人物は、本当は学歴が高すぎて困っているのです。

本書でも折に触れて繰り返し書いていますが、表情・微表情を見ても、その原因を即断せず、会話のきっかけや深掘りするきっかけとしてとらえるのが正しい姿勢です。感情が抑制された原因を決めつけるのは危険です。

繊細ゆえに気疲れしてしまい、対人関係が苦しい。事実だと思います。しかし、それは、本当に読めているゆえの苦しみでしょうか。それが怪しいと思われるならば、第2章を繰り返し読み、正しい表情と感情の関係の理解に努めてください。

本当に正しい解釈をしたうえでの苦しみでしょうか。それが怪しいと思われるならば、第3章を繰り返し読み、認知的に共感する力を養ってください。あなたの心を軽くする術がそこにあるかもしれません。

微表情はあくまでも波です。波を引き起こす原因は、何なのか。慎重な姿勢でアプローチすることが、真の人間理解には欠かせません。

おわりに――人生の風向きが変わる

不登校をテーマにしたドキュメンタリー番組を見ていたときのことです。友だちから仲間外れにされたことをきっかけに、小学4年生から不登校になったO君。それ以来、教室や人の集まるところに行けなくなってしまったそうです。そのまま時が過ぎ、O君は中学校に入学します。週に1、2回登校できるようになったものの、一人で図書室か学校の畑で過ごすのが精一杯。教室には入れません。

O君が学校を休むたびに、先生は電話連絡し、O君の一日について質問したり、学校の予定を伝えたりし、心を配ります。

あるとき教室で集会が開かれました。教室出入り口付近の廊下で、O君と先生がやりとりしています。O君は、教室の中を覗《のぞ》くものの中には入れません。そのとき、「ちょっと……」と言いながら、O君の顔に嫌悪《けんお》の微表情が浮かびました。先生は、皆が視界に入らない場所や、教室の後ろで集会に参加してはどうかと、優しく提案します。

先生がO君の微表情に気づいたかどうかはわかりません。しかし、先生の投げかけた言葉は、まさに「不快なモノを取り除く」という嫌悪のニーズに適切に沿っていました。教室に入ることに嫌悪感を抱くO君に、嫌悪が低減するような言葉を投げかけていたのです。
「じゃ、入っちゃおう」。O君は、ついに教室に入ります。最初、後ろに座り、その後、ちょっと前に座り直します。そして、翌日。O君は連続で登校し、学校の畑でとれた（と思われる）野菜を片手に、友だちと交流している場面が映し出されていました。

本書の「はじめに」に書いたように、本書の知見やスキルは、初対面の場面において、バタフライ・エフェクトを起こし、自分の人生の風向きをよい方向に変えるために活用できる、と説明しました。

一方、先生とO君のやりとりのように、他者に寄り添うことで、他者の人生にバタフライ・エフェクトを引き起こすきっかけを与えることもできます。

さらに、初対面という言葉を多面的にとらえれば、人と人の交流は、同じ人物との交流であっても、日常・ビジネスにおける繰り返しの交流であっても、同一のものとは限りません。毎回が初対面のような新しいコミュニケーションだと考えることもできます。

なぜなら、人の感情は日々揺れ動き、揺れ動く感情同士が交流するからです。同じ状況でも、同じセリフを発するような場面でも、感情が同じとは限りません。自身の感情は同じでも、相手の感情は異なるかもしれません。この意味で、毎日が、毎回毎回が、一瞬一瞬が、新しいコミュニケーションの始まりなのです。

先生はO君が休むたびに連絡していました。特別な会話より、何ともない会話のほうが多かったでしょう。しかし、この先生は、ずっとO君の心の揺れ動きに気を配っていた。この積み重ねがあったからこそ、先のきっかけを端に、O君の行動が変わった、バタフライ・エフェクトの兆《きざ》しが見えた、そんなふうに思えます。

日々のコミュニケーションを大切にし、他者に関心を持ち、ちょっとした工夫や行動の積み重ねを心がける。これがバタフライ・エフェクトを起こす必要条件なのだと思います。

本書で養った観察眼で、刻々と変化する感情世界を覗いてみてください。さまざまな気づきやきっかけを発見できると思います。


最後に感謝の言葉を書かせてください。数あるコミュニケーションに関する書籍の中で本書を手に取っていただき、誠にありがとうございます。本書を購入してくださったすべての方に感謝です。ありがとうございます。

私に非言語コミュニケーションの手ほどきをしてくださった工藤力博士、表情研究とその応用可能性を精力的に進め、ときに私の問いかけに気さくに対応してくださるデイビッド・マツモト博士はじめ、本書を書くうえで参考にさせていただいたすべての研究者に感謝します。

表情科学の知見を実用化するうえで、私が経営する株式会社空気を読むを科学する研究所のお客さまの存在は必須です。弊社のお客さまとの交流を通じて、どんな科学知見が実用向けかそうでないか、どんな工夫をすれば実用化できるのか等々、生きたコミュニケーションについて思考させていただくことができます。ありがとうございます。

表情モデルや実験に協力いただいたBiz Actors所属の役者の皆さま、関係者の皆さまに感謝します。

そして、弊社設立のきっかけを与えてくださり、さまざまな場面で弊社を支えてくださる株式会社Indigo Blueの柴田励司会長、寺川尚人社長、社員の皆さまに感謝します。

また、本書を企画し、表情の魅力を引き出し、読みやすく整えてくださった、さくら舎編集部の猪俣久子さん、表情に関する素朴な疑問や読者目線のアドバイスを下さったさくら舎代表の古屋信吾さんに感謝します。

最後に、抜群に豊かな感情と表情で愛情深く育ててくれた祖母、村田ヤヨヒ（1924～2022年）に本書を捧げます。

清水建二《しみずけんじ》

【参考文献】

本書を執筆するにあたり参考にさせていただいた代表的な文献です。ここに掲載できなかった文献含め、多くの先人たちが生み出した知見を土台に本書があります。心より感謝申しあげます。

●日本語文献

『人及び動物の表情について』ダーウィン　浜中浜太郎訳（岩波書店　1991）
『表情分析入門：表情に隠された意味をさぐる』P・エクマン／W・V・フリーセン　工藤力訳編（誠信書房　1987）
『0・2秒のホンネ 微表情を見抜く技術』清水建二（飛鳥新社　2016）
『「顔」と「しぐさ」で相手を見抜く』清水建二（フォレスト出版　2016）
『ビジネスに効く 表情のつくり方』清水建二（イースト・プレス　2017）
『裏切り者は顔に出る　上司、顧客、家族のホンネは「表情」から読み解ける』清水建二（中央公論新社　2022）
『日本人の感情世界――ミステリアスな文化の謎を解く』工藤力／D・マツモト（誠信書房

１９９６年）
『ボスだけを見る欧米人 みんなの顔まで見る日本人』増田貴彦（講談社 ２０１０）
『しぐさと表情の心理分析』工藤力（福村出版 １９９９）
『連帯のための実験社会科学――共感・分配・秩序』亀田達也（岩波書店 ２０２２）

●英語文献

Hwang, H. C., & Matsumoto, D.（2016）. Facial expressions. In Matsumoto, D., Hwang, H. C., & Frank, M. G.（Eds.）. *APA Handbook of Nonverbal Communication*（pp.257-287）. Washington, DC: American Psychological Association.

Matsumoto, D., & Hwang, H. S.（2013）. Facial expressions. In D. Matsumoto, M. G. Frank, & H. S. Hwang（Eds.）, *Nonverbal communication: Science and applications*（pp. 15-52）. Sage Publications, Inc. https://doi.org/10.4135/9781452244037.n2

●その他

「清水建二の微表情学」ハーバービジネスオンライン（２０１６年５月～２０２１年５月まで連載）